水利改革成果绩效评价
理论与实践

郑垂勇 ◎ 主审
赵 敏　童纪新　刘永进 ◎ 编著

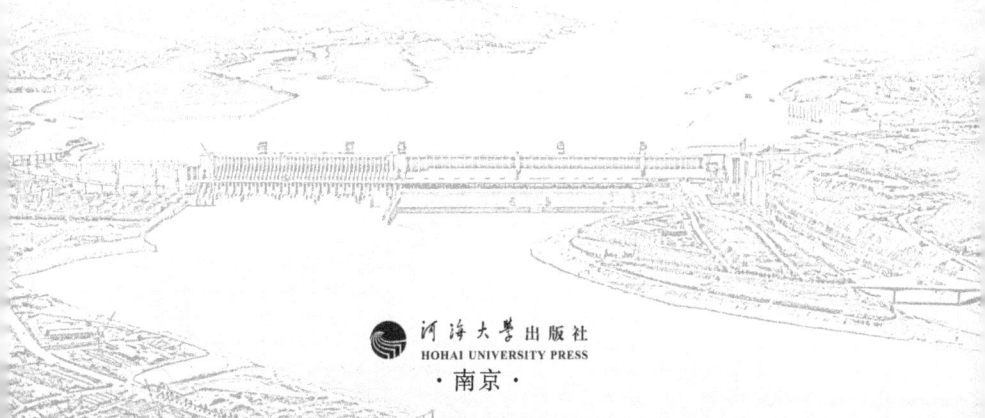

河海大学出版社
· 南京 ·

图书在版编目(CIP)数据

水利改革成果绩效评价理论与实践 / 赵敏，童纪新，刘永进编著. -- 南京：河海大学出版社，2023.4
ISBN 978-7-5630-8220-9

Ⅰ. ①水… Ⅱ. ①赵… ②童… ③刘… Ⅲ. ①水利经济－经济改革－成果－经济绩效－评价－中国 Ⅳ. ①F426.9

中国国家版本馆 CIP 数据核字(2023)第 071650 号

书　　名	水利改革成果绩效评价理论与实践
书　　号	ISBN 978-7-5630-8220-9
责任编辑	龚　俊
文字编辑	左　券
特约编辑	梁顺弟
特约校对	丁寿萍
封面设计	徐娟娟
出版发行	河海大学出版社
地　　址	南京市西康路 1 号(邮编:210098)
网　　址	http://www.hhup.cm
电　　话	(025)83737852(总编室)
	(025)83722833(营销部)
经　　销	江苏省新华发行集团有限公司
排　　版	南京布克文化发展有限公司
印　　刷	广东虎彩云印刷有限公司
开　　本	880 毫米×1230 毫米　1/32
印　　张	5
字　　数	133 千字
版　　次	2023 年 4 月第 1 版
印　　次	2023 年 4 月第 1 次印刷
定　　价	40.00 元

前言
Preface

2011年的中央一号文件《中共中央 国务院关于加快水利改革发展的决定》明确提出要不断深化水利改革,并对水利改革进行了全面布局,由此全国性的水利改革正式拉开序幕。2011年9月8日,中华人民共和国水利部召开了加快水利改革试点工作座谈会,会议对全力推进水利改革试点工作进行了部署,预示着我国水利改革开始进入一个新的阶段。在全国加快水利改革试点单位中,湖南省被确定为水利全面改革试点省份。2011年8月31日,湖南省人民政府发布了《湖南省加快水利改革试点方案》,明确了湖南省水利改革的路线图和时间表,即力争用3年左右的时间,逐步建立完善的水资源管理体制机制、稳定多元和持续增长的水利投入机制、科学有效的水利工程建设和管理体制、服务高效的基层水利服务体系以及科学合理的水价形成机制。

2014年5月7日,水利部发布了《水利部办公厅关于开展加快水利改革试点评估工作的通知》,部署湖南省等地对加快水利改革试点工作进行总结评估,以更好地总结试点经验,剖析存在的问题,为进一步深化水利改革提供经验借鉴。为此,湖南省水利厅于2014年5月9日发布了《关于认真开展水利改革试点评估工作的通知》,对全省的评估工作进行了部署,其中明确提出,在2014年三季度水利厅将组织相关人员对水利改革情况进行省级自评估。

自评估包括工作总结性自评和技术论证性评价两个部分，评价工作在水利部规划计划司的直接指导下，由湖南省水利厅牵头并负责工作总结性自评。2014年9月，受湖南省水利厅的委托，湖南长沙天平招标代理有限责任公司就"湖南省水利改革试点绩效评价研究"进行竞争性谈判采购（政府采购编号：湘财采计〔2014〕0508号），最终由河海大学中标，河海大学承担技术论证性评价。为此，河海大学组织了相关学科领域的专家、学者和部分研究生形成评价课题组，负责相应的实地调查、数据整理、指标筛选、定性分析、定量计算和报告编制等工作。

在整个评价工作过程中，湖南省水利厅在评价方案的设计、评价内容的确定、基础资料的收集等方面给予了河海大学课题组大力支持，在此要特别感谢湖南省水利厅为本课题成果的取得所提供的帮助和支持。

参与本项目研究的人员还有河海大学博士研究生董佳瑞，硕士研究生李婷、王曦和魏星。

本项目研究参考了大量国内外专家学者的专著、期刊文章、学位论文和网络资料，因篇幅所限而未全部一一标注，在此也一并致以谢意。

目录
Contents

第一章　绪论 …………………………………………… 001
　1.1　评价工作的目的 ……………………………… 001
　1.2　评价工作的主要依据 ………………………… 001
　1.3　评价工作的主要内容 ………………………… 002
　1.4　评价工作的技术路线 ………………………… 003

第二章　湖南省加快水利改革试点成果绩效评价指标体系构建
　……………………………………………………… 005
　2.1　评价指标选取的原则 ………………………… 005
　2.2　评价指标的分类 ……………………………… 007
　2.3　评价指标的选择 ……………………………… 008
　　2.3.1　水资源管理机制体制改革的评价指标 … 008
　　2.3.2　水利投融资体制改革的评价指标 ……… 010
　　2.3.3　水利工程建设和运行管理体制改革的评价指标
　　　……………………………………………… 011
　　2.3.4　基层水利服务体系改革的评价指标 …… 012
　　2.3.5　水价改革的评价指标 …………………… 013

第三章　湖南省加快水利改革试点成果绩效的定性评价 … 015
　3.1　水资源管理机制体制改革的绩效 …………… 015

001

3.1.1　最严格的水资源管理制度落实状况 ……… 015
　　　3.1.2　城乡水务一体化发展状况 ………………… 018
　　　3.1.3　湘江流域管理体制改革状况 …………… 019
　　　3.1.4　水功能区管理协调机制完善程度 ……… 020
　3.2　水利投融资体制改革的绩效 …………………………… 022
　　　3.2.1　水利行业公共财政投入增长状况 ………… 022
　　　3.2.2　水利行业投融资机制改革状况 …………… 024
　3.3　水利工程建设和运行管理体制改革的绩效 ………… 026
　　　3.3.1　水利工程建设体制改革状况 ……………… 026
　　　3.3.2　水利工程运行体制改革状况 ……………… 029
　3.4　基层水利服务体系改革的绩效 ……………………… 031
　　　3.4.1　乡镇水利机构改革状况 …………………… 032
　　　3.4.2　农民用水合作组织改革状况 ……………… 033
　3.5　水价改革的绩效 …………………………………… 034
　　　3.5.1　用水定额管理状况 ………………………… 034
　　　3.5.2　长株潭都市圈城市水价改革状况 ………… 035
　　　3.5.3　农村水价改革状况 ………………………… 036
　　　3.5.4　农村集中供水工程水价改革状况 ………… 037

第四章　湖南省加快水利改革试点成果绩效的定量评价 … 039
　4.1　评价方法 …………………………………………… 039
　　　4.1.1　计算步骤 ………………………………… 039
　　　4.1.2　模糊综合评价法的数学模型 ……………… 040
　4.2　评价过程 …………………………………………… 042
　　　4.2.1　建立评价指标体系 ………………………… 042
　　　4.2.2　确定各单因素总权重及权重矩阵 A ……… 043
　　　4.2.3　隶属度及评价矩阵 R 的确定 …………… 044
　　　4.2.4　模糊综合评价计算 ………………………… 046
　4.3　湖南省加快水利改革试点绩效评价结论 …………… 048

第五章　湖南省加快水利改革试点成果绩效的综合评价 ··· 050
　5.1　改革前的现状描述 ················· 050
　5.2　水利改革绩效的综合评价 ············ 053
　5.3　水利改革的成功经验与存在问题 ······· 054
　　5.3.1　水利改革的成功经验 ············ 054
　　5.3.2　水利改革存在的问题 ············ 057

第六章　湖南省进一步深化水利改革的对策建议 ·········· 060
　6.1　影响因素分析 ··················· 060
　6.2　对策建议 ······················ 061
　　6.2.1　深化改革创新,促进水利事业跨越赶超发展
　　　 ······································ 061
　　6.2.2　改进不足、解决问题,促进水利深化改革
　　　 ······································ 062

附录 ································· 071
　中共中央 国务院关于加快水利改革发展的决定(节选) ······
　 ······································ 071
　水利部关于开展加快水利改革试点工作的通知 ········ 082
　湖南省人民政府关于印发《湖南省加快水利改革试点方案》
　的通知 ································ 085
　水利部关于深化水利改革的指导意见 ············ 124
　关于印发《湖南省水利厅关于深化水利改革的实施方案》的
　通知 ································ 136

图表目录

图 1-1　项目技术路线
表 2-1　水资源管理体制改革评价指标体系
表 2-2　水利投融资体制改革评价指标体系
表 2-3　水利工程建设和运行管理体制改革评价指标体系
表 2-4　基层水利服务体系改革评价指标体系
表 2-5　水价改革评价指标体系
图 4-1　模糊转换器
表 4-1　湖南省加快水利改革试点绩效评价指标体系
表 4-2　湖南省加快水利改革试点绩效评价指标体系权重分配
表 4-3　湖南省加快水利改革试点绩效评价矩阵 R
表 4-4　湖南省加快水利改革试点绩效准则层评价结果

第一章
绪论

1.1 评价工作的目的

技术论证性评价是自评估的重要组成部分,其目的在于:一是通过建立加快水利改革试点成果绩效评价体系,衡量湖南省水利改革工作的进展情况,综合评价湖南省加快水利改革措施的实施效果,总结湖南省加快水利改革的成功经验,为湖南省加快水利改革试点方案实施自评估报告的形成提供必要的技术支撑,并为湖南省进一步深化水利改革提供必要的启示和参考。二是针对改革进程中未能达到预期目标的情况,从技术和政策层面进行深入分析,探寻存在的问题及其原因,为湖南省进一步深化水利改革提供有益的借鉴。三是在总结经验和分析问题的基础上,依据水利部、湖南省水利厅发布的有关文件精神,结合推进水利现代化建设的要求,提出湖南省进一步深化水利改革的对策建议。

1.2 评价工作的主要依据

本次评价工作的主要依据如下:

◆水利部、湖南省人民政府,《关于湖南省加快水利改革试点方案的批复》(水规计〔2011〕448号),2011年8月;

◆湖南省人民政府,《湖南省人民政府关于印发〈湖南省加快水利改革试点方案〉的通知》(湘政发〔2011〕30号),2011年8月;

◆湖南省水利厅,《关于印发〈湖南省水利改革试点2014年工作任务〉的通知》(湘水安监〔2014〕2号),2014年1月;

◆湖南省水利厅,《关于认真开展加快水利改革试点评估工作的通知》(湘水安监〔2014〕11号),2014年5月;

◆湖南省水利厅,《转发水利部办公厅关于开展加快水利改革试点评估工作的通知》(湘水安监〔2014〕13号),2014年6月;

◆湖南省水利厅,《关于印发〈湖南省水利厅关于深化水利改革的实施方案〉的通知》(湘水办〔2014〕66号),2014年7月;

◆陈雷,《坚持科学发展,落实任务措施,全力推进水利改革发展试点工作——在加快水利改革发展试点工作座谈会上的讲话》,2011年9月8日;

◆湖南省水利厅,《湖南省加快水利改革试点方案文件汇编》;

◆湖南省水利厅,《湖南省加快水利改革试点评估报告》,2014年10月;

◆湖南省各地市、湖南省水利厅各处室编制的相关自评报告;

◆其他相关资料。

1.3 评价工作的主要内容

作为湖南省水利厅自我评价水利改革绩效工作的重要内容,本项目结合湖南省加快水利改革试点工作的实际,定性分析与定量分析相结合,实证分析与规范分析相结合,系统性与层次性相结合,主要针对加快水利改革的水资源管理机制体制改革、水利投融资体制改革、水利工程建设和运行管理体制改革、基层水利服务体系改革和水价改革等5个方面开展试点成果绩效评价工作。

（1）湖南省加快水利改革试点成果绩效评价指标体系的构建

从水利改革的5个方面出发，针对湖南省加快水利改革试点方案的规划、实施和效果三个不同阶段，研究和确立评价指标选取的原则，进行评价指标的分类，选择评价指标。

（2）湖南省加快水利改革试点成果绩效的定性评价

根据所构建的加快水利改革试点成果绩效评价指标体系，结合湖南省水利改革的目标及工作进程，针对改革现状和试点成果进行定性评价。

（3）湖南省加快水利改革试点成果绩效的定量评价

根据所构建的加快水利改革试点成果绩效评价指标体系，结合湖南省水利改革的目标及工作进程，运用模糊综合评价法，针对改革现状和试点成果进行定量评价。

（4）湖南省加快水利改革试点成果绩效的综合评价

基于定性评价和定量评价的结果，对湖南省加快水利改革试点工作的绩效进行综合评价，总结其经验和教训，为湖南省加快水利改革试点方案实施自评估报告的形成提供理论依据和技术支撑，同时为湖南省进一步深化水利改革提供必要的启示和参考。

（5）湖南省进一步深化水利改革的对策建议

根据湖南省水利改革绩效的主要影响因素，以及存在问题的主要原因，依据《水利部关于深化水利改革的指导意见》和《湖南省水利厅关于深化水利改革的实施方案》，结合推进水利现代化建设的要求，基于创新的视角，针对湖南省水利的重点领域和关键环节，提出进一步深化水利改革的对策建议。

1.4　评价工作的技术路线

本项目基于对湖南省加快水利改革试点工作的整体把握，以及对所收集数据资料的准确分析，从水资源管理机制体制改革、水利投融资体制改革、水利工程建设和运行管理体制改革、基层水利服务体系改革和水价改革等 5 个方面入手,通过建立湖南省深化水利改革试点成果绩效评价体系,进行定性分析和定量评价,总结经验、发现问题并分析原因,在此基础上提出湖南省进一步深化水利改革的对策建议。简要的技术路线见图 1-1 所示。

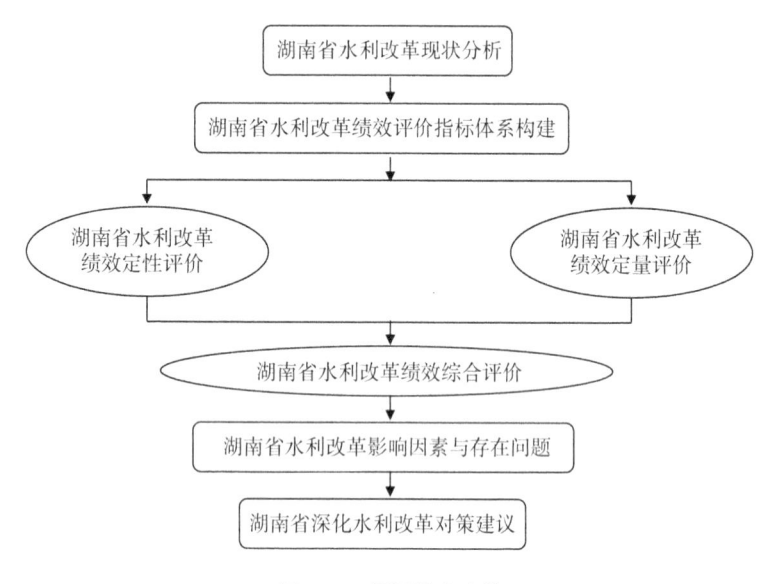

图 1-1　项目技术路线

第二章
湖南省加快水利改革试点成果绩效评价指标体系构建

2.1 评价指标选取的原则

湖南省水利改革试点评涉及水资源管理机制体制改革、水利投融资体制改革、水利工程建设和管理体制改革、基层水利服务体系改革和水价改革等诸多方面，是一项复杂的系统工程，其内涵很丰富，各个层面的指标比较多，有些指标之间相关性很强，全部予以考虑十分复杂，也不便于操作；有些指标虽然重要，但不易取得准确数据。因此，为了能够客观、准确而且比较全面地评价改革，在确定指标体系时遵循以下原则。

（1）因地制宜的原则

不同的水利改革试点，其所属地域经济、社会、生态系统特征不同，存在问题的性质、解决困难的难易程度差异也很大。因此，评价指标要根据实际情况，选择具有代表性的适用参数。

（2）紧密结合监测的原则

评价和监测是紧密关联的，监测是基础。没有水利改革工作的监测，评价就无法进行。评价是根据监测数据进行的，因此，要紧密结合水利改革工作过程中的监测工作成果，开展评价。难以监测的参数不应列为主要评价项目。

(3) 定性和定量相结合的原则

水利改革评价工作牵涉到很多方面的内容,有很多评价属于定性判定的,另外的一些评价可以用定量的指标进行判定。因此,评价指标要定性和定量指标相结合。

(4) 动态性原则

评价工作应从水利改革的规划阶段开始,一直延续到水利改革的实施阶段。由于水利改革涉及的影响因素复杂,在实施过程中,可能随时会出现新的情况和问题,因此,评价工作应按照动态、全程的方式开展。

(5) 以推动工作为主的原则

评价工作是为了推动水利改革工作的顺利开展,评价意见要及时反映到水利改革实施工作中,及时调整工程的进度和内容。针对存在的问题,制定改进计划。

(6) 系统性原则

指标体系设立既要反映湖南省水利改革的成果,也要反映湖南省水利事业自身的特点,使其组成一个较完整的体系,全面地反映湖南省水利事业发展的内涵、特征及其水平、目标及方向;反映湖南省水利改革绩效对湖南省经济社会现代化建设及生态环境保护的度量关系,要注重社会、经济、水利发展与生态环境四者效益的兼顾,体现富裕度、安全度、舒适度、文明度的结合。

(7) 代表性原则

湖南省水利改革试点绩效评价指标要具有代表性,特别是定量指标要能够反映湖南省水利改革发展的方向性与目标性,能够尽量剔除由于自然条件的差异以及人为因素的差异导致定量指标计算结果的较大差异,便于进行考核和评价,这就要求评价指标定义明确,符合规范,统计口径、范围一致等。

(8) 可比性原则

确定的指标体系既要能够体现湖南省水利改革进程的阶段性,发展与人口、资源、环境和社会经济发展的协调状况,又要能与不同国家或地区及各省市、各区域水利事业发展水平相比较。因此,选择的指标统计口径应尽量用相对数,不用绝对数;在计量上使用以基准年为标准的不变价格。

(9) 可操作性原则

一方面要求指标体系简单明了,计算方便;另一方面要求所需资料便于获取。可操作性原则与充分性原则并不冲突,只是要求在遵循充分性原则的前提下尽量做到少而精,简洁直观,不过分追求理论上的理想和完善,而是尽可能做到便于操作运行。设计的指标体系,应尽可能利用国家统计部门对外公布的统计数据,即保证评价数据具有权威性和一致性。对于目前尚不能统计和收集到的非标准统计数据和资料,尽量不纳入指标体系。

(10) 简单性原则

湖南省水利改革试点成果绩效评价指标要简明、综合,具有科学性和可定量化,评价指标要尽可能客观地反映和描述被评价事物或系统活动的全过程和活动规律,正确揭示评价对象的本质特征。因为考核评价是一项实践性很强的工作,评价指标体系的评价方法可行与否,直接关系到考核评价工作的成败。如果指标过多,数据采集难度过大,评价方法和程序又十分烦琐,那么就会影响评价工作的可实现性,为此,尽可能采用已有的科技统计指标和国家统计部门颁布的统计指标口径、方法,必要时还要增设部分评价必需的指标,以便于实际测算。

2.2 评价指标的分类

按照工作流程,水利改革评价指标体系主要包括三类:措施规划情况评价、措施实施情况评价和措施效果情况评价。按照定量和定性的分类,评价指标分为定性判定和定量评价两类。

(1) 措施规划情况评价

评价工作的重要起点是对规划的措施和初步的设计进行评

价，评价是否规划了适当的措施并进行了合理的设计，是否符合当地的实际情况和水利改革的需求，措施之间是否协调和配套。其以定性评价为主，主要通过专家评价，一般采用表格、清单、会议记录或评价审查意见等形式进行。

(2) 措施实施情况评价

措施实施情况评价是根据规划和设计的各类措施，跟踪检查并评价水利改革中的各类措施落实情况。措施实施情况的评价是最重要的评价工作，主要是通过对照规划和设计文件，进行实地考察和抽样调查等工作。通过这些实地调查，定性或定量地评价措施实施情况，包括进展、质量、存在的问题等。措施实施情况评价以定性为主，结合一些定量指标。

(3) 措施效果情况评价

水利改革效果评价的目的是检查水利改革措施是否达到了预期的效果，或水利改革是否发挥了作用。水利改革效果选择的参数应是能够代表预期效果并且同项目目标紧密联系的，所选的参数应具有足够的灵敏度、能够随时反映该系统的变化情况、易于观测、样本数据足够、有对照数据。这个层次上的监测相对上面的措施实施评价，成本和工作量都要大很多，而且往往需要一定的时间尺度来检验实施效果。为节约时间和金钱，可先采用局部小范围抽样调查方法。措施效果评价一般采用定量的指标或参数为主，结合定性评判。

2.3 评价指标的选择

2.3.1 水资源管理机制体制改革的评价指标

湖南省水资源管理机制体制改革机制的目标是：根据实施最严格的水资源管理制度要求，在落实用水总量控制、用水效率控制、水功能区限制纳污控制、水资源管理责任和考核等制度的基础上，突出理顺涉水事务管理体制,建立适应水循环自然特点,覆盖水源、供水、用水、排水、污水处理回用各管理环节的城乡水务一体化管理模式;推进流域管理,构建和完善以流域为单元、以水资源管理为核心的湘江流域管理体制机制;从水功能区管理入手,强化部门合作,建立和完善水功能区管理协调机制,强化水资源保护。

根据上述改革目标,湖南省水资源管理体制改革状况一级评价指标由最严格的水资源管理制度落实状况、城乡水务一体化发展状况、湘江流域管理体制改革状况和水功能区管理协调机制完善程度4个二级指标组成(见表2-1所示)。

表2-1 水资源管理体制改革评价指标体系

一级指标	二级指标	三级指标
水资源管理体制改革状况	最严格的水资源管理制度落实状况(A)	用水总量(A1)
		万元工业增加值用水量(A2)
		农田灌溉水有效利用系数(A3)
		水功能区达标率(A4)
		水资源费征收标准(A5)
	城乡水务一体化发展状况(B)	水务一体化机构改革覆盖面(B1)
		水务管理法规制度完善程度(B2)
		水务良性运行机制运行顺畅程度(B3)
	湘江流域管理体制改革状况(C)	湘江流域规划编制完善程度(C1)
		湘江流域管理体制完善程度(C2)
		湘江流域水资源统一调度程度(C3)
		湘江流域生态补偿机制建设程度(C4)
		湘江流域河道采砂管理违规取缔率(C5)
	水功能区管理协调机制完善程度(D)	水功能区区划数量(D1)
		水功能区监督管理完善程度(D2)
		饮用水水源地保护程度(D3)
		水资源安全协作机制顺畅程度(D4)

最严格的水资源管理制度落实状况二级指标由用水总量、万

元工业增加值用水量、农田灌溉水有效利用系数、水功能区达标率和水资源费征收标准等5个三级指标构成。

城乡水务一体化发展状况二级指标由水务一体化机构改革覆盖面、水务管理法规制度完善程度和水务良性运行机制运行顺畅程度等3个三级指标构成。

湘江流域管理体制改革状况二级指标由湘江流域规划编制完善程度、湘江流域管理体制完善程度、湘江流域水资源统一调度程度、湘江流域生态补偿机制建设程度和湘江流域河道采砂管理违规取缔率等5个三级指标构成。

水功能区管理协调机制完善程度二级指标由水功能区区划数量、水功能区监督管理完善程度、饮用水水源地保护程度和水资源安全协作机制顺畅程度等4个三级指标构成。

2.3.2 水利投融资体制改革的评价指标

湖南省水利投融资体制改革的目标是：通过改革发挥公共财政对水利发展的保障作用，充分调动社会力量投入水利的积极性，多渠道筹集资金，全面推进水利投融资体制改革，拓宽水利投融资渠道：以公共财政投入为主体，大幅度增加公共财政对水利的投入；以构建水利融资平台为纽带，引导金融机构增加水利信贷资金；以有效的政策扶持为依托，调动和发挥社会投资水利的积极性；以激励机制为动力，引导农民群众积极筹资筹劳兴修水利，初步形成多渠道、多层次的水利投融资格局。

根据上述目标，湖南省水利投融资体制改革状况一级指标由水利行业公共财政投入增长状况和水利行业投融资机制改革状况2个二级指标构成（见表2-2所示）。

水利行业公共财政投入增长状况二级指标由公共财政水利投入增长率、水利投入占财政收入比重、农田水利建设资金增长率和水利规费收入增长率等4个三级指标构成。

表 2-2 水利投融资体制改革评价指标体系

一级指标	二级指标	三级指标
水利投融资体制改革状况	水利行业公共财政投入增长状况(A)	公共财政水利投入增长率(A1)
		水利投入占财政收入比重(A2)
		农田水利建设资金增长率(A3)
		水利规费收入增长率(A4)
	水利行业投融资机制改革状况(B)	水利资金投融资平台建设状况(B1)
		水利建设投融资增长率(B2)
		金融机构水利建设投融资状况(B3)
		水利投融资方式改革状况(B4)

水利行业投融资机制改革状况二级指标由水利资金投融资平台建设状况、水利建设投融资增长率、金融机构水利建设投融资状况和水利投融资方式改革状况等 4 个三级指标构成。

2.3.3 水利工程建设和运行管理体制改革的评价指标

湖南省水利工程建设和运行管理体制改革的目标是:创新建设管理模式,依法规范水利建设市场;形成制度完善、监管有效、市场规范的水利工程建设管理体制和权责明确、管理科学、保障有力的水利工程运行管理体制。

根据上述目标,湖南省水利工程建设和运行管理改革状况一级指标由水利工程建设体制改革状况和水利工程运行体制改革状况 2 个二级指标构成(见表 2-3 所示)。

水利工程建设体制改革状况二级指标由大中型水利工程建设模式创新状况、中小型水利工程集中管理覆盖率、中小型水利工程建设资金投入增长率、水利工程建设市场信息公开度、水利工程建设招投标制度落实率和水利工程建设监督检查制度完善程度等 6 个三级指标构成。

表 2-3 水利工程建设和运行管理体制改革评价指标体系

一级指标	二级指标	三级指标
水利工程建设和运行管理体制改革状况	水利工程建设体制改革状况(A)	大中型水利工程建设模式创新状况(A1)
		中小型水利工程集中管理覆盖率(A2)
		中小型水利工程建设资金投入增长率(A3)
		水利工程建设市场信息公开度(A4)
		水利工程建设招投标制度落实率(A5)
		水利工程建设监督检查制度完善程度(A6)
	水利工程运行体制改革状况(B)	水利工程运行管理主体明确程度(B1)
		大中型水利工程水管体制改革状况(B2)
		公益性水利工程补助资金落实率(B3)
		小型水库管护人员规范化程度(B4)
		水利工程确权划界完成率(B5)
		水利工程管理规范化程度(B6)

水利工程运行体制改革状况二级指标由水利工程运行管理主体明确程度、大中型水利工程水管体制改革状况、公益性水利工程补助资金落实率、小型水库管护人员规范化程度、水利工程确权划界完成率和水利工程管理规范化程度等 6 个三级指标构成。

2.3.4 基层水利服务体系改革的评价指标

湖南省基层水利服务体系改革的目标是：健全和完善基层水利服务机构，强化职责职能，理顺管理体制，落实人员、编制和经费，建立职能明确、布局合理、队伍精干、服务到位的基层水利服务体系，全面提高基层水利服务水平，为全面加强农田水利建设、促进农业增产、农民增收和社会主义新农村建设发挥积极作用。

根据上述目标，湖南省基层水利服务体系改革状况一级指标由乡镇水利机构改革状况和农民用水合作组织改革状况 2 个二级指标构成(见表 2-4 所示)。

表 2-4 基层水利服务体系改革评价指标体系

一级指标	二级指标	三级指标
基层水利服务体系改革状况	乡镇水利机构改革状况(A)	乡镇水利机构覆盖率(A1)
		乡镇水利机构管理体制改革状况(A2)
		乡镇水利机构人员培训率(A3)
		乡镇水利机构经费保障程度(A4)
	农民用水合作组织改革状况(B)	农民用水户协会组织增长率(B1)
		农民用水户协会组织规范程度(B2)
		乡镇农民用水户协会覆盖率(B3)
		农民用水户协会监管制度完善状况(B4)

乡镇水利机构改革状况二级指标由乡镇水利机构覆盖率、乡镇水利机构管理体制改革状况、乡镇水利机构人员培训率和乡镇水利机构经费保障程度等 4 个三级指标构成。

农民用水合作组织改革状况二级指标由农民用水户协会组织增长率、农民用水户协会组织规范程度、乡镇农民用水户协会覆盖率和农民用水户协会监管制度完善状况等 4 个三级指标构成。

2.3.5 水价改革的评价指标

湖南省水价改革的目标是：充分发挥价格杠杆的调节作用，兼顾效率和公平，建立有利于节约用水和产业结构调整的水价形成机制，促进各行各业节约用水、高效用水、合理用水，推动全省节水型社会建设。

根据上述目标，湖南省水价改革状况一级指标由用水定额管理状况、长株潭都市圈城市水价改革状况、农村水价改革状况和农村集中供水工程水价改革状况等 4 个二级指标构成（见表 2-5 所示）。

用水定额管理状况二级指标由高耗水性行业用水定额强制政策落实程度、特色行业用水定额管理政策落实程度和产业用水效率提升状况等 3 个三级指标组成。

表 2-5 水价改革评价指标体系

一级指标	二级指标	三级指标
水价改革状况	用水定额管理状况（A）	高耗水性行业用水定额强制政策落实程度（A1）
		特色行业用水定额管理政策落实程度（A2）
		产业用水效率提升状况（A3）
	长株潭都市圈城市水价改革状况（B）	长株潭都市圈城市水价形成机制合理性（B1）
		长株潭都市圈城市节水设施改造率（B2）
	农村水价改革状况（C）	三大灌区农业终端水价制度落实程度（C1）
		农村供水工程维护经费落实率（C2）
		农村水价成本优惠政策落实程度（C3）
		农村水费征收制度改革状况（C4）
	农村集中供水工程水价改革状况（D）	农村集中供水工程水价改革政策落实程度（D1）
		农村居民用水价格承受程度（D2）
		农村居民用水价格核算科学性（D3）

长株潭都市圈城市水价改革状况二级指标由长株潭都市圈城市水价形成机制合理性和长株潭都市圈城市节水设施改造率2个三级指标组成。

农村水价改革状况二级指标由三大灌区农业终端水价制度落实程度、农村供水工程维护经费落实率、农村水价成本优惠政策落实程度和农村水费征收制度改革状况等4个三级指标组成。

农村集中供水工程水价改革状况二级指标由农村集中供水工程水价改革政策落实程度、农村居民用水价格承受程度和农村居民用水价格核算科学性等3个三级指标组成。

第三章
湖南省加快水利改革试点成果绩效的定性评价

3.1 水资源管理机制体制改革的绩效

3.1.1 最严格的水资源管理制度落实状况

水利部、湖南省政府2011年批准实施的《湖南省加快水利改革试点方案》提出,根据实施最严格的水资源管理制度要求,在落实用水总量控制、用水效率控制、水功能区限制纳污控制、水资源管理责任和考核等制度的基础上,突出理顺涉水事务管理体制,建立适应水循环自然特点,覆盖水源、供水、用水、排水、污水处理回用各管理环节的城乡水务一体化管理模式;推进流域管理,构建和完善以流域为单元、以水资源管理为核心的湘江流域管理体制机制;从水功能区管理入手,强化部门合作,建立和完善水功能区管理协调机制,强化水资源保护。

2011—2013年,湖南省及14个市、州制定了最严格水资源管理制度的实施方案或办法,落实了用水总量控制、用水效率控制、水功能区限制纳污控制、水资源管理责任和考核等制度;以长沙市、湘潭市为重点,深入开展城乡水务一体化管理改革;出台了《湖南省湘江保护条例》,成立了湘江流域管理协调委员会并建立了相应的工作机制,统筹湘江沿江地区管理保护事项,大力推进流域管理;完善了水功能区规划制度,建立了水功能区监督管理、饮用水水源地保护和水资源安全协作机制,开展了饮用水水源地划界立碑和达标建设工作,严格入河排污口审批,优化水资源调度,切实加强水资源管理和保护;在全省开展河道采砂专项整治行动,在"政府主导、水利主管、部门配合"的工作机制下实现了最大限度地减少了采砂船、砂石码头、砂石尾堆的目标。总体来看,基本实现了水资源管理体制机制改革的目标。

根据《湖南省水资源管理"三条红线"指标体系》,2015年、2020年、2030年,湖南省用水总量控制目标分别为:340亿m^3、350亿m^3、360亿m^3,重要江河湖泊水功能区水质达标率控制目标分别为87%、92%、95%;用水效率控制目标为:2015年,万元工业增加值用水量比2010年下降35%,农田水灌溉系数提高到0.49;2020年,万元工业增加值用水量下降到54 m^3以下,农田灌溉水有效利用系数提高到0.54以上。

水资源管理"三条红线"是针对当前水资源过度开发、粗放利用、水污染严重三个方面的突出问题而确立的,水资源开发利用控制、用水效率控制和水功能区限制纳污的目标,主要是严格控制用水总量过快增长、着力提高用水效率、严格控制入河湖排污总量。随着工业化、城镇化进程的推进,用水的需求还会持续增长,湖南省区域经济发展也面临着大量新增用水的需求。在水资源总量有限、用水需求又不断增长的背景下,只有守住"三条红线",实行最严格的水资源管理制度,才能够压缩和限制现有的水资源荷载。

(1)用水总量

2010年改革前,湖南省年平均用水总量为321.4亿m^3。改革方案提出的用水总量年度控制目标,到2015年是340亿m^3。根据统计数据,2013年实际用水总量为332.5亿m^3,低于当年的控制目标334亿m^3,超额完成了年度目标值。

(2) 万元工业增加值用水量

根据统计资料,2011—2013年,湖南省各市、州万元工业增加值用水量均完成了年度评估目标。在各市、州新上工业项目中,均未发现有国家、湖南省明令禁止的高耗水企业或明文规定应关停、应整改的情况。

2010年改革前,湖南省万元工业增加值用水量为143 m^3。改革方案提出的万元工业增加值用水量控制目标是到2015年比2010年下降35%。根据统计数据,2013年实际万元工业增加值用水量是94 m^3,比2010年下降34%,已十分接近2015年的控制目标。

(3) 农田灌溉水有效利用系数

2010年改革前,湖南省农田灌溉水有效利用系数为0.46。改革方案提出的农田灌溉水有效利用系数控制目标到2015年是0.49。根据统计数据,2013年实际农田灌溉水有效利用系数为0.479,完成了当年0.47的控制目标,且比2010年提高了4.13%(平均年提高1.37%)。按照此增长速度计算,到2015年农田灌溉水有效利用系数可达到0.492,超过了2015年的控制目标。

(4) 水功能区达标率

根据统计数据,在2011—2013年期间,湖南省各市州水功能区水质达标率均达到年度评估目标值。其中,2011年全省水功能区水质达标率为81.8%,虽然发生突发性水污染事件4起,但未造成较大影响;2012年全省水功能区水质达标率为85.6%,年度内未发生较大突发性水污染事故;2013年全省水功能区水质达标率为89.3%,已超额完成当年水功能区水质达标率为85%的控制目标。

(5) 水资源费征收标准

改革前,湖南省水资源费征收标准为:地表水0.03元/m^3,地下水0.05元/m^3,均低于国家水资源费征收标准;2013年10月1日起,湖南省开始实行新的水资源费征收标准,分别将地表水和地下水平均标准提高到了 0.1 元/m³ 和 0.2 元/m³,从而与国家水资源费征收标准一致。另外,新的水资源费征收范围扩大到了洗浴、高尔夫球场、漂流等特种行业取用水;通过建立水资源费征收标准动态调整机制,保证征收标准更加科学合理,同时也为提高水资源费的征收力度奠定了基础。

经过改革,虽然湖南省水资源费征收标准有了较大提高,并与国家水资源费征收标准一致,但是与国内其他省份如广东、湖北等地相比较,湖南省水资源费征收标准还需结合实际进行调整,以期更加科学合理。

综上所述,按照保障合理用水需求、强化节水、适度从紧控制的原则,湖南省所确立的"三条红线"目标符合区域水情和省情,也是水资源管理改革的现实需求。总体而言,改革目标的设定是合理的。根据改革过程中水资源"三条红线"目标实施效果,对比其他省份目标的设定情况可以看出,湖南省水资源管理中的"三条红线"目标是基本可以达到的,对湖南省水资源的可持续利用以及经济社会和谐可持续发展有着重要的现实意义。

3.1.2 城乡水务一体化发展状况

(1) 水务一体化机构改革覆盖面

从 2011 年改革开始至 2013 年底,湖南省共组建水务局 34 个,承担水务管理职能的水利局 2 个(集中在一市),覆盖全省 29.5% 县级以上行政区,全省覆盖面相对还比较低。具体来看,地级水务局仅在长沙、株洲、湘潭和益阳市设立,而其他市州地区只设立了县级水务局,水务局分布存在地区不平衡的问题。水务一体化改革要求对涉水事务进行统一管理,即水务管理职能范围包括防洪、供水、排水、节水以及污水处理回用,但湖南省在改革后,水务管理真正达到要求的仅长沙、湘潭、邵阳和郴州四个地区,其他市、州水务管理职能尚不完善,存在职能缺位。

(2) 水务管理法规制度完善程度

长沙、株洲、湘潭三市相继出台了法律法规、规章制度等规范性文件,形成了包括水资源管理、保护、利用、节水等各领域的法规制度保障体系,湖南省水务管理法规制度得到较大完善,进一步规范了涉水事务管理和涉水行为。

(3) 水务良性运行机制运行顺畅程度

湖南省实行改革前,水务运行机制较为封闭、垄断。经过三年的改革实践,已实施水务一体化的试点市县,充分发挥了城乡涉水事务统一管理的体制优势。在城乡水务一体化改革的进程中,注重城乡统筹,协调发展,运行机制逐步向开放型、市场型水务转变,为多渠道筹集吸引水务建设资金创造了有利条件。

3.1.3 湘江流域管理体制改革状况

(1) 湘江流域规划编制完善程度

湖南省在提出了"实施湘江治理和保护一号工程"战略目标后,相继制定了一系列规划措施对湘江进行综合治理,如《湘江流域重金属污染治理实施方案(2012—2015 年)》《湘江流域科学发展总体规划》《湖南省湘江污染防治第一个"三年行动计划"实施方案》《〈湖南省湘江保护条例〉实施方案》《湘江流域管理规划》等。这一系列方案与规划从湘江保护的总体规划、具体实施、考核方法以及顶层设计的加强等方面完善了湘江流域规划的编制。

(2) 湘江流域管理体制完善程度

2012 年 9 月 27 日,湖南省通过了我国第一部江河流域保护的综合性地方法规《湖南省湘江保护条例》,为湘江流域管理奠定了法律基础;2013 年 9 月 10 日,成立了湘江保护协调委员会,沿江 8 市成立了市级湘江保护协调议事机构,这些机构的设立是湘江流域管理体制的重要载体;2014 年 2 月 22 日,湖南省印发的《〈湖南省湘江保护条例〉实施方案》,为湘江流域管理的具体实施提供指导;2014 年 3 月和 9 月,湖南省先后两次组成督查组,对沿江 8 市湘江保护与治理工作进行现场督查,对项目进度和重点难点问题定期协调调度；通过建立包括用水总量控制制度、水功能区限制纳污制度和用水效率控制制度的水资源管理"三条红线"控制制度，对湖南省水资源管理进行严格控制。湖南省采取的这一系列措施，使湘江流域管理体制在法规制定、机构设置、方案实施等方面得到很好的完善。

(3) 湘江流域水资源统一调度程度

按照《湖南省水资源调度方案及系统建设规划》的规定，湖南省防汛抗旱指挥部对湘江干流和主要水库特别干旱期的供水以及水环境需要的最小流量进行水量统一调度，并制定了水资源调度方案、措施和补偿机制，完善了城市在缺水期和发生水污染事件时水资源调度的应急预案，有效地保障了城市供水水源和河流生态安全。

(4) 湘江流域生态补偿机制建设程度

为了建设湘江流域生态补偿机制，湖南省对流域林地和森林、湿地、荒漠植被、物种四条生态保护红线进行划定，评估研究湘江下游江河以及洞庭湖的流域发展，并规划洞庭湖河湖连通，开展湘江水生态补偿机制研究。目前，在浏阳市株树桥、岳阳市铁山水库水源地建立了水生态补偿制度，但覆盖湘江流域的生态补偿机制还需要进一步地推广建设。

(5) 湘江流域河道采砂管理违规取缔率

为了规范湘江流域河道采砂管理，湖南省取缔了 50.5% 的非法采砂船只，并全面取缔淘金船；取缔了 67% 的非法采砂码头，清理了 71.6% 的采砂尾堆。另外，各市县城区河段和重要交通要道的采砂尾堆也基本清除了。可以看出，湖南省对湘江流域河道采砂管理违规的取缔力度较前有很大提高，但仍需进一步加强。

3.1.4 水功能区管理协调机制完善程度

(1) 水功能区区划数量

湖南省进行区划的河段总长 8 233.3 km,洞庭湖水域面积 2 597 km²,总共划分出 240 个一级水功能区,其中河流型 237 个,湖泊型 3 个;92 个开发利用区共划分出二级区 186 个,区划河长 1 922.0 km。按照《水功能区划分标准》(GB/T 50594—2010),湖南省全省 14 个市、州已全部完成了本市域范围内的水功能区划工作。

(2) 水功能区监督管理完善程度

湖南省在水功能区监督管理方面,通过颁布《湖南省最严格水资源管理制度实施方案》,明确了限制排污总量和年度入河排污控制指标作为水污染防治和污染减排工作的重要依据;湖南省重要江河水功能区纳污能力核定和分阶段限排总量控制方案也完成了,针对湖南省重要江河湖泊水功能区纳污能力与限制排污总量,湖南省完成了与长江委、水利部的数据对接。这一系列措施使得水功能区监督管理得到较大的完善。

(3) 饮用水水源地保护程度

为了保护饮用水水源地,湖南省编制实施了《湖南省城市饮用水水源地安全保障规划》和《湖南省农村饮水安全工程规划》,对湖南省的国家级重要饮用水水源地制定了应急预案,并通过核定湖南省重要饮用水水源地名录,形成了《湖南省重要饮用水水源地名录》,湖南省全省 124 个省级重要饮用水水源地水质监测覆盖率达 100%,并已开展确界立碑工作。

(4) 水资源安全协作机制顺畅程度

为了使水资源安全协作机制能够顺畅运行,湖南省积极筹备建立水利厅与环保厅联席会议制度。试图通过建立这样的制度,衔接两者之间的饮用水水源地保护、水功能区划、污染物排放总量控制等相关职责,加强水利与环保部门之间的交流合作和信息共享,但目前尚未成型,水资源安全协作机制还需进一步完善。

3.2 水利投融资体制改革的绩效

水利部、湖南省政府2011年批准实施的《湖南省加快水利改革试点方案》提出,通过水利投融资体制改革,发挥公共财政对水利发展的保障作用,充分调动社会力量投入水利的积极性,多渠道筹集资金,力争今后10年全社会水利年平均投入比2010年高出一倍,改变目前水利投入不足、水利设施薄弱的局面。

3.2.1 水利行业公共财政投入增长状况

加大公共财政对水利行业的投入是贯彻落实中央一号文件精神的重要举措。国内外发达地区的水利发展经验表明,在水利改革和高速发展的时期,离不开政府公共财政的资金支持。水利是以公益性为主的重要基础设施,湖南省在改革实践中充分发挥政府公共财政在水利建设中的主导作用,通过调整和优化财政支出结构,将水利作为公共财政投入的重要领域,实现各级财政对水利投入的总量和增幅有明显增加。

从2011年改革开始,湖南省各级财政预算水利投入增幅与同期财政经常性收入增幅同步。水利规费收入在调整水资源费征收标准、水土保持补偿费标准以及河道采砂管理办法后得到较大的增长,为水利建设发展提供了必要的资金保障。水利行业公共财政投入增长机制是在考虑湖南省省情与财政承受能力基础上建立的,未来公共财政对水利的投入将保持逐年持续增长的发展趋势。

(1) 公共财政水利投入增长率

2011年,公共财政对湖南省水利投入(包括中央和省、市、县财政投入)金额为149.25亿元,较2010年增长55.4%;2012年水利投入超过200亿元,年增长34%;2013年的全省水利投入为240亿元,年增长20%。从2011年改革开始,各级财政预算水利投入增幅与同期财政经常性收入增幅同步。水利投入总体上保持了逐年持续增长的态势。

湖南省各市县在水利投入方面也加大了力度。2011年、2012年、2013年湖南省全省市县公共财政水利投入分别为35.82亿元、51亿元、77.88亿元,与2010年27.61亿元比较,年增幅分别为29.74%、42.38%、52.71%,均高于同级财政经常性收入的增长幅度。

虽然水利投入总体上保持较大增幅,但各市县存在的地区差别较大,发展尚不平衡。

(2) 水利投入占财政收入比重

2010年改革前,湖南省水利投入占财政收入比重为5.2%;改革后,2011年、2012年、2013年湖南省水利投入占财政收入比重分别为6.1%、6.8%、7.3%,水利投入占财政收入比重实现了逐年增长,但是与同期全国年均增长19%的水平相比较,增长幅度显得较小。水利作为公共财政投入的重要领域,湖南省还需要进一步确保各级财政对水利投入的总量和增幅有明显增加。

(3) 农田水利建设资金增长率

2011年改革后,湖南省政府于当年出台了水利建设基金和计提农田水利建设资金政策,《湖南省水利建设基金筹集和使用管理办法》及实施细则明确了水利建设基金的来源,即:从地方收取的政府性基金和行政事业性收费(车辆通行费、用地管理费、城市基础设施配套费、森林植被恢复费、耕地开垦费、排污费、城市污水处理费)中提取3%;从河道采砂权出让价款、政府出让矿产资源探矿权和采矿权取得的矿业权价款中提取3%;省级财政从中央对地方成品油价格和税费改革转移支付资金中划转3%等。2011年、2012年和2013年,全省水利建设基金分别筹集10.45亿元、20.06亿元和23.03亿元,分别比上年实际增长49.52%、91.96%和14.81%。

2011年9月,湖南省财政厅、水利厅明确,从土地出让收益中提取10%用于农田水利建设,并实行专款专用,专项用于农田水利设施建设。2011年和2012年,全省分别计提农田水利建设资金2.16亿元、2.71亿元。为做到足额计提农田水利建设资金,2013年,湖南财政厅、水利厅等部门下发了《关于进一步规范从土地出让收益中计提有关专项资金的通知》,从2013年年终清算起,若农田水利建设资金全年应计提数小于全年土地出让总收入2.5%的,则按当年土地出让总收入2.5%的比例清算计提。2013年,全省农田水利建设资金预计可增加近12亿元。在此基础上,2011—2013年,湖南省农田水利建设资金增长率达120%。

综上所述,改革后,湖南省的农田水利建设资金增长率得到显著提高,为农田水利建设提供了较为坚实的资金保障。

(4) 水利规费收入增长率

水利规费包括水资源费、采砂管理费、水土保持补偿费、河道管理范围占用费、堤围防护费、河砂开采权出让金等。湖南省通过调整水资源费征收标准、水土保持补偿费标准以及河道采砂管理办法,2012年全省水利非税收入达10.98亿元,是预算征收的169%;2013年省本级水利非税收入征收到位12.56亿元,完成了计划目标的179.4%;2014年省本级水利非税收入预算为12.45亿元,1—6月实际征收到位6.54亿元,主要征缴在年底清算时,预算总额将超过2013年,湖南省各市县水利规费增幅也十分明显。

3.2.2 水利行业投融资机制改革状况

(1) 水利资金投融资平台建设状况

湖南省通过成立湖南省水利发展投资有限公司,积极建设水利资金投融资平台。截至2013年,长沙、怀化、娄底、岳阳、株洲、益阳、常德、郴州、衡阳等市先后建立了市级水利投融资平台,许多县区也建立了相应的水利投融资平台。湖南省还确定了"一市一县一区"的试点模式,将怀化市、安仁县、冷水滩区确定为水利投融资改革试点,由省水利厅重点指导、支持,力求总结经验、取得突破、全面推广。

(2) 水利建设投融资增长率

湖南省全省水利投融资平台公司通过财政注入资金、金融机构贷款、土地储备等方式,已累计融资 91.54 亿元。改革后,公共财政投入稳定增长机制逐步建立,各级财政对水利的投入均明显增加,省、市财政分别设立了农田水利专项资金。2012 年全省水利投入达 186 亿元,2013 年增加到 240 亿元,比上一年增加 29%,增速可观。同时,市县两级 2012 年、2013 年财政投入水利资金均比 2011 年度有较大幅度增长,有的甚至翻番。

另外,湖南省省级通过出台水利基金筹集和使用管理办法、土地收益计提水利资金办法,提高了水资源费征收标准,各项水利规费征收得到强化。2012 年全省水利建设基金共入库 20.06 亿元,2013 年达到 23.03 亿元。

综上所述,改革后,湖南省在水利投融资增长方面有了较大幅度的提高,只要继续保持这样的增速,湖南省"今后 10 年全社会水利年平均投入比 2010 年高出一倍,改变目前水利投入不足、水利设施薄弱的局面"的目标有望实现。

(3) 金融机构水利建设投融资状况

为了加强与金融机构的战略合作,吸引金融机构加大对水利建设政策性投入,湖南省水利厅分别与省建设银行、交通银行、农业银行、国家开发银行、农业发展银行等多家金融机构签订战略合作协议。改革后,湖南省与金融机构的战略合作效果显著,金融机构对湖南省水利建设的信贷投入增加显著,2012 年金融机构对湖南省投入 100 多亿元水利信贷资金,2013 年湖南省水利项目新增金融机构贷款 20 多亿元。据此可以判断,通过引导金融机构增加水利信贷资金,是形成多渠道、多层次的水利投融资格局的有力措施之一。

(4) 水利投融资方式改革状况

湖南省在水利投融资方式上，一方面通过构建水利投融资平台，引导金融机构增加水利信贷资金，另一方面通过有效的政策扶持，吸引水利投资的社会资金，并通过"一事一议"财政奖补政策，提高农民兴修水利的投资筹资积极性。这一系列水利投融资方式改革的实践，初步实现了湖南省水利投融资方式的多元化发展格局。

综上所述，改革以来，湖南省坚持"政府主导、市场补充、群众参与"的原则，全面推进水利投融资体制改革，拓宽水利投融资渠道：以公共财政投入为主体，大幅度增加公共财政对水利的投入；以构建水利融资平台为纽带，引导金融机构增加水利信贷资金；以有效的政策扶持为依托，调动和发挥社会投资水利的积极性；以激励机制为动力，引导农民群众积极筹资筹劳兴修水利。如今，多渠道、多层次的水利投融资格局初步形成，有利于水利可持续发展的稳定投入机制开始建立。

3.3 水利工程建设和运行管理体制改革的绩效

水利部、湖南省政府2011年批准实施的《湖南省加快水利改革试点方案》提出，根据湖南省省情、水情和社会经济发展要求，建立制度完善、监管有效、市场规范的水利工程建设体制和权责明确、管理科学、保障有力的水利工程运行管理体制。

3.3.1 水利工程建设体制改革状况

（1）大中型水利工程建设模式创新状况

实行水利项目总承包制和代建制符合我国水利工程建设项目管理的国情。从2001年开始，全国各地相继进行了代建制的试点，主要集中在非营利性公共投资工程项目中，现在已在全国范围内推广，如上海、北京、深圳、宁波、贵州等城市都相继开展了代建制的试点和推行工作。但作为一种新兴及有待完善的建设模式,目前全国各地区对此无论认识还是操作模式上都还存在差异,未能达成统一成熟标准化的模式。

为加强工程建设管理,湖南省在新建大中型水利工程中创新施行总承包和代建制。据不完全统计,2013年1月至2014年8月,湖南省全省采用设计施工总承包方式招标,共有274处建设工程试行总承包制,涉及124 159万元的项目资金;共有8处建设工程试行代建制,涉及项目资金26 246万元。通过强化水利项目监督管理,减少了中间环节和费用,保证了工程进度、质量和安全,在改善和协调各种关系等方面作用显著。湖南省在大中型水利工程项目中实行总承包和代建制是符合国情和省情的大势所趋,在具体的操作模式上还需根据具体情况进一步的探索完善。

(2) 中小型水利工程集中管理覆盖率

湖南省对中小型公益性水利工程建设推行集中建设管理模式,通过整合基层专业技术力量,按照建设与监督"两权分离"的原则,组建县级水利建设项目管理中心(简称"建管中心")。改革后,湖南省全省有105个县(市、区)组建了建管中心,达应建中心数的86%,全省实行集中建设管理的项目约占中小型水利项目数的80%。中小型水利工程集中管理模式符合湖南省水利建设项目多、分布广、单个项目投资少,而建设主体多集中在县一级的特点。因此,中小型水利工程集中管理模式还需在湖南省全省范围内进一步推广实施。

(3) 中小型水利工程建设资金投入增长率

湖南省通过采取明确职责、统一规划,发挥群众主体作用、强化项目规范管理、强化政府服务职能、构建民建民管管理体系,加大资金投入、落实奖补政策、坚持政府监管、倡导先建后补等一系列措施,加大对小型水利工程建设资金的投入力度。改革后,湖南省2011—2013年完成小型农田水利工程投资279 143万元,其中政府投入241 286万元,群众投资37 857万元,小型农田水利工程建设资金投入有了较大幅度增长,继续保持这样的状况,未来湖南省小型农田水利工程建设将得到更为有力的资金保障。

(4) 水利工程建设市场信息公开度

湖南省通过出台一系列水利建设领域项目信息公开和诚信体系建设的方案和信息目录。改革后,湖南省建立了水利建设市场信用信息平台,并公示776个各类市场主体信用档案,可提供社会查询,接受社会监督;建立了守信激励和失信惩戒制度,并对市场主体信用等级实行动态管理。这一系列措施的实施,推动了湖南省水利工程建设市场信息公开化和透明化,有利于水利工程建设市场的规范化发展。

(5) 水利工程建设招投标制度落实率

2011—2014年,湖南省相继出台一系列水利工程招标投标实施规定,在规范招投标全过程的同时,逐步确立了开放水利建设市场、下放招投标监管权限、建立招标代理机构比选制度、完善评标办法等招投标机制。从2013年7月1日起,全省水利工程建设项目招标投标全部按照属地管理、分级管理原则,进入公共资源交易市场交易。截至2014年1月—10月,进入公共资源市场交易额已达85.76亿元。在推行电子招标投标方面,湖南省已建成并投入运行招标投标公共服务平台(包含行政监督平台功能),建立了由1 800名专家组成的水利工程评标专家库,开发了评标专家库管理系统,资源提供各级水行政主管部门和项目法人共享。2015年,湖南省计划建成投入使用全过程电子招标投标系统。据此可以判断,湖南省在水利工程建设招投标制度建设方面得到较为全面的落实,加强了招投标管理工作,未来将逐步形成较为完善的招标投标市场竞争机制和监管机制。

(6) 水利工程建设监督检查制度完善程度

在强化社会监督方面,湖南省建立了水利工程建设领域项目信息公开共享专栏、水利建设市场信用信息平台、水利工程招标投标公共服务平台,推进项目信息和市场主体信用信息公开;在强化市场主体地位方面,湖南省建立水利建设市场诚信体系,在资质管理、招标投标等环节实行守信激励和失信惩戒制度;另外,湖南省还对监管方式进行创新,如开发建设了水利工程建设项目远程视频监控系统,对市场主体行为进行飞行检查和工程质量飞行检测,提高检查质量。这一系列措施的实施,使得湖南省在强化各级水行政主管部门日常监管、稽察和专项检查的基础上,创新监管理念、方式和手段,水利工程建设监督检查制度得到了较好的完善。

3.3.2 水利工程运行体制改革状况

湖南省在对水利工程管理进行改革的过程中,采取了"抓大放小"的政策。"放小"也即"放活"中小水利工程,着眼于搞好整个水利工程建设与管理,更好地发挥中小水利工程在水利事业中的重要作用。另外,在对中小水利工程进行"放活"的同时,还需对其进行扶持;水利工程并不是越大越好,不是任何行业都有规模效应,在水利行业中,中小水利工程在促进水利事业发展、带动农业可持续发展的过程中有其独有的优势。改革后,湖南省水利工程运行管理主体在得到进一步明确的基础上,一方面对大中型水利工程进行重点把握,另一方面在给予中小水利工程一定自主权的基础上进行规范化的管理。"抓大放小"政策能有效发挥大中型以及中小型水利工程对湖南省水利事业发展的优势。

(1) 水利工程运行管理主体明确程度

改革前,湖南省水利工程运行管理体制中存在水利工程产权主体不明确、管理责任不落实等问题。经过三年的试点改革,湖南省全省已明晰产权的有 5 625 处,其中水库 1 213 处,水闸 866 处,其他 3 546 处。已明晰工程管护责任 19 406 处,其中水库 1 690 处,水闸 1 013 处,其他 16 703 处,水利工程产权明晰度仅为 37.8%,尚处于偏低程度。因此,湖南省在水利工程运行管理主体明确工作上还任重道远,今后需要进一步切实加强水利工程确权划界工作,对新建水利工程进行确权划界,适时启动已建水利工程确权登记,划定管理和保护范围,形成归属清晰、权责明确、监管有效的保护管理制度。

(2) 大中型水利工程水管体制改革状况

总体上,湖南省全面完成了国有水利工程管理体制改革工作任务,全省共716处大中型水利工程完成改革。加强了水利工程管理,优化了水利资产配置,精简了管理机构,提高了养护水平,降低了运行成本,实现了减员增效,充分发挥了水利工程效益。在改革具体实施中仍存在一些落实不足的地方,如人员经费、维修养护经费即"两费"实际落实7.13亿元,低于应落实的8.28亿元,占86.1%;其中人员经费3.54亿元,完成应落实的94.6%;落实维修养护经费3.59亿元,完成应落实的79.1%;320处公益性水利工程实现管养分离,其中大型34处,中型286处;在人员分流方面,完成落实率为80.4%。

(3) 公益性水利工程补助资金落实率

湖南省有公益性小型水利工程共98.2万处,其中有6.4万处已落实管护补助经费,落实管护补助经费约2.54亿元,公益性水利工程补助资金落实率为6.5%,偏低。由于湖南省在公益性水利工程管理和维护补助管理办法方面尚处于探索研究阶段,公益性水利工程补助资金落实率偏低的状况将会随着今后的进一步实践探索得到改观。

(4) 小型水库管护人员规范化程度

小型水库运行管理的规范化、科学化、制度化,工程安全的确保以及工程效益的发挥,都需要小型水库管护人员的规范化。湖南省通过出台一系列针对小型水库管护人员的规范化文件,在落实管护人员补助经费的同时,在全省13 702座小型水库当中有9 338座实现了"九个一"管理制度("九个一"指配备一名守护员、一份工资报酬、一把水位水尺、一个量雨筒、一个报警器、一部电话、一个防守棚、一批防汛抢险物资和一个记录本),完成率达68.2%。从改革成效看来,湖南省小型水库在管护人员配备、管护人员补助经费落实以及"九个一"管理制度的实施方面等规范化程度有了一定提高,但是与改革目标的全面实现仍有较大差距,小型水库管护人员规范化程度还需进一步提高。另外,加大对管护人员的定期培训也是提高小型水库管护人员规范化程度的重要途径。

(5) 水利工程确权划界完成率

改革前,湖南省水利工程管理过程中普遍存在工程管理和保护范围界限不清,权属不明,开发建设项目占用水利设施管理不严,缺乏操作性强的政策依据等问题,进行有效管理的难度较大。改革后,湖南省共有 5 800 多座水库、5 400 多座水闸和一部分集体经济所有的小型农田水利工程完成了水利工程的管理范围和保护范围的划定。湖南省共有水利工程 1 198 060 处,已完成确权划界的水利工程有 154 936 处,水利工程确权划界完成率为 12.9%。就改革成效来看,湖南省在水利工程确权划界成效尚不够显著,还需进一步地深入推动。

(6) 水利工程管理规范化程度

为了规范水利工程管理,湖南省在水库大坝注册登记、大监测、实时监控等方面采取了一系列措施,包括及时启动水库大坝注册登记工作、积极开展水库(水闸)安全鉴定、加强水库大坝安全监测系统建设等。改革后,湖南省共有 6 645 处水利工程实现了管理的规范化,其中实施 2 607 处大坝监测,1 475 处实时监控。但是对小型农田水利设施进行规范化管理还未完成,还需进一步推广规范。

3.4 基层水利服务体系改革的绩效

水利部、湖南省政府 2011 年批准实施的《湖南省加快水利改革试点方案》提出,健全和完善基层水利服务机构,强化职责职能,理顺管理体制,落实人员、编制和经费,建立职能明确、布局合理、队伍精干、服务到位的基层水利服务体系,全面提高基层水利服务水平,为全面加强农田水利建设、促进农业增产、农民增收和社会主义新农村建设发挥积极作用。

3.4.1 乡镇水利机构改革状况

(1) 乡镇水利机构覆盖率

改革前,湖南省水利站普遍存在体制不顺、机制不活、职能弱化等问题。改革后,湖南省建立了2 216个水利站机构,覆盖乡镇2 260个,乡镇水利机构覆盖率达96%,较2011年提高了12%,基本实现了乡镇水利站全覆盖;绝大部分县(市区)均已按省级要求完成乡镇水利站机构建设任务,机构全面建立、职能划分明确、人员定编基本完成、人员经费基本落实。改革预期目标得以基本完成。

(2) 乡镇水利机构管理体制改革状况

湖南省在全省范围内开展乡镇水利机构管理体制改革的过程中,采取单独设置和综合设置两种方式、以乡(镇、办)为单位设站,其中1 949个为单独设置,占建站总数的88%;综合设置并加挂水利站牌子的有267个,占建站总数的12%。有防汛抗旱任务的乡镇,其水利站另外承担防汛抗旱管理职能。目前,按县乡共管的原则,分成以县管为主和乡管为主的两种模式,县管为主的占建站总数的24.6%,乡管为主的占75.4%,乡镇为主的管理模式较2011年提高36.5%。综上所述,湖南省乡镇水利机构管理体制改革过程中依据各地实际情况灵活展开,改革成效显著,乡镇水利机构管理得以进一步规范。

(3) 乡镇水利机构人员培训率

为了提升基层水利服务专业技术能力,湖南省在省、市、县三级水行政主管部门基本建立了培训教育机制,连续3年举办乡镇水利站长培训班,对1 000余名基层技术骨干进行业务培训,切实提高了基层水利人员业务素质。通过乡镇水利机构人员的各类培训,提高了乡镇水利机构运行和管理效率。

(4) 乡镇水利机构经费保障程度

湖南省逐步将水利站人员工资、补贴和日常办公经费纳入县级财政预算,乡镇水利站在编人员参加事业单位社会保险并对编外人员进行妥善安置;2013年湖南省投入1 000万元奖补资金,对33个乡镇水利站进行能力建设,2014年投入1 200万元奖补资金,对42个乡镇水利站进行能力建设。这一系列措施有效地保障了乡镇水利机构经费使用,为乡镇水利机构的日程运作与管理提供了较为充足的经费保障。

3.4.2 农民用水合作组织改革状况

(1) 农民用水户协会组织增长率

湖南省自1992年开始组建农民用水户协会,在水利工程管理体制方面发挥着重要的作用。经过三年的改革实践,湖南省组建各类农民用水户协会共3 010处,较2012年初统计增长30.9%。据此可以判断,未来农民用水户协会在农村水利工程建设和设施维护中将发挥越来越重要的作用,积极推广农民群众自主参与、民主管理农村水利设施的模式是发展农村水利事业的大势所趋。

(2) 农民用水户协会组织规范程度

湖南各地根据具体实际情况,以乡、村行政区划、人饮工程或灌排设施(大中型灌区)为单位组建协会,以乡镇和水系渠系为单位建立协会,村组为单位成立分会,推进专业化管理和农民自主管理相结合的建设管理模式,推广农民用水服务专业合作社发展模式。通过改革,农民用水户协会在"积极稳妥、注重实效、政府指导、农民自愿、自主管理"原则的基础上得到显著规范。

(3) 乡镇农民用水户协会覆盖率

经过三年的改革实践,湖南省组建了3 010处各类农民用水户协会,平均每个乡镇有1.35个乡镇农民用水户协会,其中1 050处是以乡镇为单位协会,1 960处是以村级和灌区渠系为单位协会；乡镇农民用水户协会覆盖管理2 120万亩[①]灌溉面积,约占全省有效灌溉面积的50%,较2012年年初统计增加51.1%。据此判断,未来农民用水户协会在乡镇实现普遍推广是有望实现的。

(4)农民用水户协会监管制度完善状况

为了完善农民用水户协会监管制度,湖南省乡镇农民用水户协会对其涉水事务、财务状况、人员聘用等实行公开透明的制度,用水户、村民委员会和乡镇水利站对其进行监督。另外,通过推行公告栏制度,使用水户能及时了解水费标准、用水量、水费收入与支出等情况,在农民用水户协会中实行独立的财务制度。通过改革,湖南省农民用水户协会监管机制得到进一步健全和完善,推动了农民用水户协会管理的顺利进行。

3.5 水价改革的绩效

水利部、湖南省政府2011年批准实施的《湖南省加快水利改革试点方案》提出,充分发挥价格杠杆的调节作用,兼顾效率和公平,建立有利于节约用水和产业结构调整的水价形成机制,促进各行各业节约用水、高效用水、合理用水,推动全省节水型社会建设。

3.5.1 用水定额管理状况

(1)高耗水性行业用水定额强制政策落实程度

2014年9月1日,湖南省质量技术监督局发布了首次修订后的《湖南省用水定额》,对部分高耗水行业推行强制性用水定额,主要涉及湖南省63项用水量大、污染物排放量大的工业产品和服务业,为全省高耗水性行业的节水工作提供依据,适应了最严格水资源管理制度的需要。

[①] 1亩≈666.7 m²。

(2) 特色行业用水定额管理政策落实程度

2014年9月1日,湖南省质量技术监督局发布了首次修订后的《湖南省用水定额》,对特种行业用水规定了定额标准,如高尔夫球场用水定额为每平方米 1.5 L/d,高尔夫球场用水量将得到严格控制,为全省特色行业的节水工作提供依据,适应了最严格水资源管理制度的需要。

(3) 产业用水效率提升状况

在改革实践中,湖南省严格执行《湖南省用水定额》,全省范围内的工业企业、城市生活和农村生活及农、林、牧、渔业取水及用水管理都按照用水定额标准进行取用水,并通过涉水项目水资源论证,否决了一批不符合国家产业政策、高耗水、高污染的建设项目。据此可以判断,通过用水定额的严格管理,湖南省产业用水效率将得到较大提升。

3.5.2　长株潭都市圈城市水价改革状况

(1) 长株潭都市圈城市水价形成机制合理性

长沙市实施新的水价政策,即居民用水实行阶梯式水价政策,非居民用水实行超定额累进加价收费政策。新的水价政策实施以来,长沙市各居民用户和企业单位节约用水的意识增强、各用水单位开展节水改造和使用节水设施的积极性得到极大的提高,至2012年长沙市非居民用水总量1.49亿 t,比2011年减少了1 600万 t。改革实践证明,长沙市城市水价形成机制较为合理。

2014年11月1日,株洲市对包括净水价、水资源费及污水处理费的供排水价格进行调整,实行新的自来水价格、污水处理费标准,并对已完成"一户一表、抄表结算到户"的居民用水户试行阶梯式水价,分一、二、三级标准分类计量。而在非居民生活用水和特种用水方面,株洲市试行超定额累进加价制度。株洲市城市水价形成一个良性机制。

湘潭市也对包括居民生活用水、非居民生活用水、特种行业用水的城区自来水价格进行了调整,其中,自来水价格中包含污水处理费、垃圾处理费、水资源费。居民生活用水施行阶梯式水价制度。

综上所述,湖南省实行的新的城市水价形成机制是对目前我国福利性水价、水价偏低从而造成水资源日益严重现象做出的改变与调整,是按照国家《城市供水价格管理办法》做出的水价机制调整。长株潭城市圈作为湖南省经济最发达、城市化进程最快的地区,其水资源和环境压力将得到缓解。

(2) 长株潭都市圈城市节水设施改造率

为了配合新的城市水价政策的实施,长沙市实行供水企业到用户末端管理,长沙市对新建居民住宅供水设施实行统建统管,并对已建居民住宅的户表进行改造。2013年长沙市共有12万户完成一户一表、抄表到户、服务到终端用户的改造。实施加价水费制度以来,各居民用户和企业单位节约用水的意识增强、各用水单位开展节水改造和使用节水设施的积极性得到极大的提高。

3.5.3 农村水价改革状况

(1) 三大灌区农业终端水价制度落实程度

在对灌区内的末级渠系进行节水改造、设立并规范灌区内农民用水户协会后,三大灌区推行"骨干工程水价＋末级渠系水价"的终端水价制度,水费收取率达到95%,这在全国范围内都处于高水平层次(2009年全国大型灌区农业水费收取率只达到85%,中小型灌区农业水费实收率更低,我国整体水费实收率只有50%左右)。据此可以判断,农业终端水价制度在三大灌区得到较好的落实,改革效果显著。

(2) 农村供水工程维护经费落实率

农村供水工程维护经费主要来自农业水费的收取,农业水费收取率越高,农村供水工程维护费用就越有保障。三大灌区在施行农业水价改革后,搭车收费和截留挪用现象得到很好的遏制,平均水费收取率达到 97.5%,为农村供水工程维护经费提供了保障。通过水费返还机制,灌溉结束后,灌区向县财政请款,将水费转为灌区维修维护资金划拨至水库管理所用于水费返还,其中,30% 统筹用于各协会渠系维修养护。据此可以判断,改革后,在平均水费实收率提高的基础上,农村供水工程维护经费将落到实处。

(3) 农村水价成本优惠政策落实程度

湖南省出台一系列农村水价成本优惠政策,包括两部制水价、土地使用、电价优惠、税收减免等改革政策措施,这些措施的实施能够使农村水价成本较改革前更优惠,考虑了农民的承受能力。农村水价成本优惠政策的落实减少了农村供水工程运营成本,充分发挥了价格杠杆的调节作用,有力促进了农村饮水安全工程长效运行。

(4) 农村水费征收制度改革状况

湖南省通过《湖南省农村集中供水价格管理试行办法》,规定农村集中供水价格由供水成本、费用、税金和利润构成,各地根据实际情况对水价进行核定。在水价计收方式上,湖南省对农村集中供水工程实行分类水价,并按供水用途分为居民生活用水价格和非居民生活用水价格。同时,实行定量水价与计量水价相结合的两部制水价和用水定额管理。农村居民生活用水水费实行包干水费和超量收费相结合的水费制度。湖南省农村水费征收制度改革,在考虑农民承受能力的基础上,灵活核定计价,完善了水价计价方式,促进了农村节约用水和水资源保护的目标实现。

3.5.4 农村集中供水工程水价改革状况

(1) 农村集中供水工程水价改革政策落实程度

在农村集中供水工程水价改革过程中,湖南省出台了一系列有利于水价改革的政策措施,并先后印发了《关于省电网电价调整有关问题的通知》和《湖南省农村集中供水价格管理试行办法》，充分落实两部制水价、土地使用、电价优惠、税收减免等改革政策。

（2）农村居民用水价格承受程度

湖南省对农村居民用水实行定量水价与计量水价相结合的两部制水价办法，并实行用水定额管理。农村居民生活用水水费实行包干水费和超量收费相结合的水费制度。其中，包干水费以满足农村居民基本生活用水为标准，按每户 60 m^3/a 左右进行核定。

农村居民用水价格承受程度的核定主要考虑农村居民对居民用水费用的支付意愿与支付能力两方面，重点考虑农村低收入居民的支付能力。包干水费在一定程度上满足了低收入居民的用水需求，两部制水价的实施也能使其在满足用水需求的基础上具备居民用水费用支付能力。

（3）农村居民用水价格核算科学性

湖南省通过《湖南省农村集中供水价格管理试行办法》，其中规定，对农村集中供水价格进行调整核定，农村集中供水价格主要由供水成本、费用、税金和利润构成，并将输水、配水等环节的水损也计入水价成本中。在保证供水单位合法、合理的利润前提下，充分考虑供水成本，在农村居民用水价格承受能力范围内对水价进行科学合理的核算。

第四章
湖南省加快水利改革试点成果绩效的定量评价

4.1 评价方法

由于水利改革试点成果绩效评价因素之间具有一定的相对性和不确定性,同时有些评价值难以定量化,因此需要选择一种符合实际的评价方法。

模糊综合评价法是在考虑多种因素的影响下,运用模糊数学工具对某事物作出综合评价的方法。该方法的优点是将定性指标量化及各项指标的无量纲化,可以克服传统数学方法中"唯一解"的弊端,根据不同可能性得出多个层次的问题解,具备可扩展性,符合现代管理中的"柔性管理"的思想,适用于公共物品治理绩效评价等领域,拥有广泛的应用前景。

本次对湖南省加快水利改革试点成果绩效的定量评价,选择模糊综合评价法,将定性指标和定量指标有机结合,从而反映湖南省加快水利改革试点的综合效果。

4.1.1 计算步骤

模糊综合评价法的基本步骤为:

步骤1:确定评价对象集、因素集和评语集。

根据实际需要确定评价的对象集:$O = \{o_1, o_2, o_3, \cdots o_l\}$、因

素集：$U=\{u_1,u_2,\cdots,u_m\}$ 和评语集（即决断集）：$V=\{v_1,v_2,\cdots,v_n\}$。

步骤 2：建立 m 个评价因素的权重分配向量 $\underline{A}$。

评价因素集中的每个因素在"评价目标"中有不同的地位和作用，即各评价因素在综合评价中占有不同的比重，这个比重可称之为权重值。

确定权重值的方法很多，可以采用专家咨询法、层次分析法、相对重要程度相关等级计算法等。本次评价对于权重值的确定，采用的是专家咨询法。

步骤 3：计算隶属度，建立模糊关系矩阵 $\underline{R}$。

$$\underline{R}=\begin{bmatrix}R_1\\R_2\\\cdots\\R_m\end{bmatrix}=\begin{bmatrix}r_{11}&r_{12}&\cdots&r_{1n}\\r_{21}&r_{22}&\cdots&r_{2n}\\\cdots&\cdots&\cdots&\cdots\\r_{m1}&r_{m2}&\cdots&r_{mn}\end{bmatrix}$$

每一个评价对象都应建立一个综合评价矩阵 $\underline{R}$，其中：

$R_i=(r_{i1},r_{i2},r_{i3},\cdots,r_{in})$ 为第 i 个因素 u_i 的单因素评价，所以 r_{ij} 表示第 $i(1\leqslant i\leqslant m)$ 个因素 u_i 在第 $j(1\leqslant j\leqslant n)$ 个评语 v_j 上的频率分布，一般将其归一化，使之满足 $\sum_{j=1}^{n}r_{ij}=1$。

步骤 4：进行复合运算，得到综合评价结果 $\underline{B}$。

$$\underline{B}=\underline{A}\cdot\underline{R}$$

步骤 5：计算每个评价对象的综合分值。

4.1.2 模糊综合评价法的数学模型

设向量 $\boldsymbol{U}=\{u_1,u_2,\cdots,u_m\}$ 为刻画被评价对象的 m 个因素，而向量 $\boldsymbol{V}=\{v_1,v_2,\cdots,v_n\}$ 为刻画每一因素所处状态的 n 种决断。

这里存在着两类模糊集,以主观赋权为例:

一类是标志因素集 U 中诸元素在人们心目中的重要程度的量,表现为因素集 U 上的模糊权重向量 $\underline{A} = (a_1, a_2, \cdots, a_m)$;

另一类是 $U \times V$ 上的模糊关系,表现为 $m \times n$ 模糊矩阵 R,这两类模糊集都是人们价值观念或偏好结构的反映。

再对这两类集施加某种模糊运算,便得到 V 上的一个模糊子集 $\underline{B} = (b_1, b_2, \cdots, b_n)$。因此,模糊综合评价法是寻找模糊权重向量 $\underline{A} = (a_1, a_2, \cdots, a_m) \in F(U)$,以及一个从 U 到 V 的模糊变换 $\overline{f}$,即对每一因素 u_i 单独作出一个判断 $\overline{f}(u_i) = (r_{i1}, r_{i2}, \cdots, r_{in}) \in F(V), i = 1, 2, \cdots, m$,据此构造模糊矩阵 $\underline{R} = [r_{ij}]_{m \times n} \in F(U \times V)$,其中 r_{ij} 表示因素 u_i 具有评语 v_j 的程度。进而求出模糊综合评价 $\underline{B} = (b_1, b_2 \cdots, b_n) \in F(V)$,其中 b_j 表示被评价对象具有评语 v_j 的程度,即 v_j 对模糊集 $\underline{B}$ 的隶属度。

由此可见,模糊综合评价的数学模型涉及三个要素,即:

因素集 $U = \{u_1, u_2, \cdots, u_m\}$;

评价集 $V = \{v_1, v_2, \cdots, v_n\}$;

单因素判断 $\overline{f} : U \to F(V), u_i \mapsto \overline{f}(u_i) = (r_{i1}, r_{i2}, \cdots, r_{in}) \in F(V)$。

由 $\overline{f}$ 可诱导模糊关系 $R_f \in F(U \times V)$,其中 $R_f(u_i, v_j) = \overline{f}(u_i)(v_j) = r_{ij}$,而由 R_f 可构成模糊矩阵:

$$\underline{R} = \begin{bmatrix} r_{11} & r_{12} & \cdots & r_{1n} \\ r_{21} & r_{22} & \cdots & r_{2n} \\ \cdots & \cdots & \cdots & \cdots \\ r_{m1} & r_{m2} & \cdots & r_{mn} \end{bmatrix}$$

对于因素集 U 上的权重模糊向量 $\underline{A} = (a_1, a_2, \cdots, a_m)$,通过 $\underline{R}$ 变换为决断集 V 上的模糊集 $\underline{B} = \underline{A} \cdot \underline{R}$,于是 (U, V, R) 构成一

个综合评价模型,它像一个如图 4-1 所示的转换器。

若输入一权重分配 $\underline{A} \in F(U)$,则输出一个综合评价:

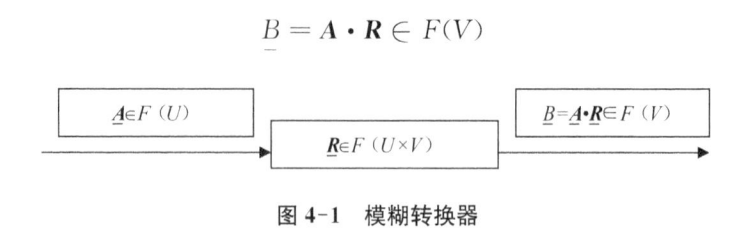

$$\underline{B} = \underline{A} \cdot \underline{R} \in F(V)$$

```
┌─────────────┐        ┌─────────────────┐        ┌──────────────────────┐
│ A∈F (U)     │───────▶│  R∈F (U×V)      │───────▶│ B=A·R∈F (V)          │
└─────────────┘        └─────────────────┘        └──────────────────────┘
```

图 4-1　模糊转换器

4.2　评价过程

4.2.1　建立评价指标体系

建立评价指标体系,是将湖南省加快水利改革试点成果绩效从定性分析阶段向定量分析阶段转变的必要手段。其重要性体现在:第一,通过建立评价指标体系,构建评估信息系统,对湖南省加快水利改革试点方案编制和实施情况进行评估,为管理决策提供依据;第二,通过评价与比较,找出影响湖南省加快水利改革试点编制和实施的薄弱环节及机遇,及时提供给相关管理部门,以便采取对策措施,促进对湖南省加快水利改革试点的有效管理;第三,通过分析评价,利用预测手段或监测预警系统来分析和制定湖南省加快水利改革试点规划和发展,以进行有效的宏观管理和控制。

湖南省加快水利改革试点成果绩效评价指标体系,是针对湖南省加快水利改革试点的特点,用以反映方案编制和实施情况的指标集合。在构建指标时既要注重指标的动态性、长期性和通用性,还要注重指标的全面性和代表性。指标要实现从不同方向、不同范围、不同层次上反映湖南省加快水利改革试点的绩效。为了科学全面地对湖南省加快水利改革试点的绩效作出评价,遵循科学性、实用性、完备性、稳定性等原则,结合湖南省加快水利改革试点的实际,建立湖南省加快水利改革试点绩效的评价指标体系,如表4-1所示。

表4-1　湖南省加快水利改革试点绩效评价指标体系

评价目标	评价准则	单项指标
湖南省加快水利改革试点绩效评价	水资源管理体制改革状况(U_1)	U_{11}最严格的水资源管理制度落实状况
		U_{12}城乡水务一体化发展状况
		U_{13}湘江流域管理体制改革状况
		U_{14}水功能区管理协调机制完善程度
	水利投融资体制改革状况(U_2)	U_{21}水利行业公共财政投入增长状况
		U_{22}水利行业投融资机制改革状况
	水利工程建设和运行管理体制改革状况(U_3)	U_{31}水利工程建设体制改革状况
		U_{32}水利工程运行体制改革状况
	基层水利服务体系改革状况(U_4)	U_{41}乡镇水利机构改革状况
		U_{42}农民用水合作组织改革状况
	水价改革状况(U_5)	U_{51}用水定额管理状况
		U_{52}长株潭都市圈城市水价改革状况
		U_{53}农村水价改革状况
		U_{54}农村集中供水工程水价改革状况

4.2.2　确定各单因素总权重及权重矩阵 A

确定评价指标各因素权重是影响评价准确性的关键。权重的确定具有一定的主观性。本次评价在定性评价的基础上,征询有关专家的意见,结合湖南省加快水利改革试点的特点,根据每个层次中各个因子的相对重要程度确定其权重。

为了提高计算结果的精确度,具体操作时,将通常采用的权重值满值 1 放大为 10,即同等级各指标的权重值最大为 10,最小为 0,但其各项之和为 10。

本次评价工作共对 10 位专家进行了咨询,这些专家的专业特长涉及水利经济、水资源管理、水利工程管理、水环境管理等领域。各指标的权重值取 10 位专家有效答卷中各专家所给值的平均值,咨询结果和权重值结果见表 4-2。

4.2.3 隶属度及评价矩阵 R 的确定

(1) 评语集的确定

将湖南省加快水利改革试点绩效的优劣程度作为评语集 V 的元素,共分为 5 个等级,具体表示为:

$$V = \{v_1, v_2, v_3, v_4, v_5\} \quad (4-1)$$

式(4-1)中:v_1、v_2、v_3、v_4 和 v_5 分别表示评价相关指标的完成情况为很好、较好、一般、较差和很差 5 个级别。

(2) 隶属度及评价矩阵 R 的确定

对于无法进行量化的指标一般采取专家打分的方法进行,所以针对湖南省加快水利改革试点绩效评价的特点,采用百分比统计法,该方法是直接将被评价对象的评价结果进行百分比统计,并将结果作为该指标的隶属度。隶属度的确定方法如下:

对于评价因素论域中的元素有 m 个,评价等级论域中有 n 个等级,其评价结果为:$r_{ij}(i=1,2,3,\cdots,m;j=1,2,3,\cdots,n)$。

设有 H 位评价者参与评价,对于评价者 k 对评价对象 i 的评价结果 $u_{i1}^k, u_{i2}^k, \cdots, u_{in}^k (k=1,2,\cdots,H)$ 来说,$u_{i1}^k, u_{i2}^k, \cdots, u_{in}^k$ 中有一个分量为 1,其余分量为 0。隶属度矩阵的确定由式(4-2)计算得到。

$$r_{ij} = \sum_{k=1}^{H} u_{ij}^k, i=1,2,\cdots,m; j=1,2,\cdots n \quad (4-2)$$

式(4-2)中:u_{ij}^k 表示评价者 k 对评价对象 i 的评价结果;H 为邀请的评价者数目;m 为评价对象个数;n 为评价等级数。

表4-2 湖南省加快水利改革试点绩效评价指标体系权重分配

评价准则	单项指标	各专家的权重赋值 1	2	3	4	5	6	7	8	9	10	归一后平均权重
水资源管理体制改革状况（U_1）	U_{11}最严格的水资源管理制度落实状况	4	4	3	3	5	4	5	4	4	3	0.39
	U_{12}城乡水务一体化发展状况	2	2	2	2	2	2	1	2	2	2	0.19
	U_{13}湘江流域管理体制改革状况	3	2	3	3	2	1	2	3	2	3	0.24
	U_{14}水功能区管理协调机制完善程度	1	2	2	2	1	3	2	1	2	2	0.18
水利投融资体制改革状况（U_2）	U_{21}水利行业公共财政投入增长状况	7	6	6	5	4	5	6	5	7	6	0.57
	U_{22}水利行业投融资机制改革状况	3	4	4	5	6	5	4	5	3	4	0.43
水利工程建设和运行管理体制改革状况（U_3）	U_{31}水利工程建设体制改革状况	5	5	6	4	5	5	5	4	4	5	0.48
	U_{32}水利工程运行体制改革状况	5	5	4	6	5	5	5	6	6	5	0.52
基层水利服务体系改革状况（U_4）	U_{41}乡镇水利机构改革状况	5	5	5	4	4	6	6	5	6	5	0.51
	U_{42}农民用水合作组织改革状况	5	5	5	6	6	4	4	5	4	5	0.49
水价改革状况（U_5）	U_{51}用水定额管理状况	4	4	2	3	4	3	4	3	2	3	0.32
	U_{52}长株潭都市圈城市水价改革状况	2	3	3	3	3	2	2	3	3	3	0.27
	U_{53}农村水价改革状况	2	2	3	3	2	3	2	3	3	2	0.25
	U_{54}农村集中供水工程水价改革状况	2	1	2	1	1	2	2	1	2	2	0.16

由 r_{ij} 构成判断矩阵为 $\boldsymbol{R} = \begin{bmatrix} r_{11} & r_{12} & \cdots & r_{1n} \\ r_{21} & r_{22} & \cdots & r_{2n} \\ \cdots & \cdots & \cdots & \cdots \\ r_{m1} & r_{m2} & \cdots & r_{mn} \end{bmatrix}$,然后对 $\boldsymbol{R}$ 进行归一化,得到 $\underline{\boldsymbol{R}}$。

本次评价邀请上述 10 位相关领域的专家,对湖南省加快水利改革试点绩效评价的各个因素属于何种评语集做出评价。按照上述步骤分别计算各指标的隶属度,最终将隶属度汇总得到模糊隶属度评价矩阵 $\underline{\boldsymbol{R}}$(见表 4-3)。

4.2.4 模糊综合评价计算

由公式 $\underline{B}=\underline{\boldsymbol{R}} \cdot \boldsymbol{R}$,将指标的权重矩阵与隶属度矩阵相乘得到评价结果。根据求得的隶属度矩阵 $\underline{\boldsymbol{R}}$ 以及二级指标的权重向量,运用模糊综合评价公式(4-2),可计算得到一级指标的综合评价结果。

水资源管理体制改革绩效的评价结果是:

$$B_1 = \boldsymbol{A}_1 \cdot \boldsymbol{R}_1 = (0.39, 0.19, 0.24, 0.18) \cdot \begin{bmatrix} 0 & 0.4 & 0.6 & 0 & 0 \\ 0 & 0.3 & 0.7 & 0 & 0 \\ 0.2 & 0.7 & 0.1 & 0 & 0 \\ 0 & 0.5 & 0.5 & 0 & 0 \end{bmatrix}$$
$$= (0.048, 0.509, 0.443, 0, 0)$$

按照隶属度最大原则,在水资源管理体制改革绩效的评价等级为"较好"。

同理类推,水利投融资体制改革绩效的评价结果为:

$B_2 = \boldsymbol{A}_2 \cdot \boldsymbol{R}_2 = (0.057, 0.700, 0.243, 0, 0)$,其评价结果等级属于"较好"。

表4-3　湖南省加快水利改革试点绩效评价矩阵 R

指标	评价				
	很好	较好	一般	较差	很差
U_{11}最严格的水资源管理制度落实状况	0	0.4	0.6	0	0
U_{12}城乡水务一体化发展状况	0	0.5	0.5	0	0
U_{13}湘江流域管理体制改革状况	0.2	0.7	0.1	0	0
U_{14}水功能区管理协调机制完善程度	0	0.5	0.5	0	0
U_{21}水利行业公共财政投入增长状况	0.1	0.7	0.2	0	0
U_{22}水利行业投融资机制改革状况	0	0.7	0.3	0	0
U_{31}水利工程建设体制改革状况	0	0.7	0.3	0	0
U_{32}水利工程运行体制改革状况	0	0.4	0.6	0	0
U_{41}乡镇水利机构改革状况	0.3	0.7	0	0	0
U_{42}农民用水合作组织改革状况	0.4	0.6	0	0	0
U_{51}用水定额管理状况	0.4	0.6	0	0	0
U_{52}长株潭都市圈城市水价改革状况	0.2	0.7	0.1	0	0
U_{53}农村水价改革状况	0.5	0.5	0	0	0
U_{54} 农村集中供水工程水价改革状况	0	0.6	0.4	0	0

水利工程建设与运行管理体制改革绩效的评价结果为：

$B_3 = A_3 \cdot R_3 = (0, 0.544, 0.456, 0, 0)$，其评价结果等级属于"较好"。

基层水利服务体系改革绩效的评价结果为：

$B_4 = A_4 \cdot R_4 = (0.349, 0.651, 0, 0, 0)$，其评价结果等级属于"较好"。

水价改革绩效的评价结果为

$B_5 = A_5 \cdot R_5 = (0.307, 0.602, 0.091, 0, 0)$，其评价结果等级属于"较好"。

由此可计算出各准则层评判的结果。具体见表4-4。

表 4-4 湖南省加快水利改革试点绩效准则层评价结果

指标	评价				
	很好	较好	一般	较差	很差
水资源管理体制改革状况(U_1)	0.048	0.509	0.443	0	0
水利投融资体制改革状况(U_2)	0.057	0.700	0.243	0	0
水利工程建设和运行管理体制改革状况(U_3)	0	0.544	0.456	0	0
基层水利服务体系改革状况(U_4)	0.349	0.651	0	0	0
水价改革状况(U_5)	0.307	0.602	0.091	0	0

根据二级指标的评价结果 B_1、B_2、B_3、B_4 和 B_5，将其组成的模糊隶属度矩阵 R 与改革五方面绩效权重向量 A 进行模糊综合评价运算，就可得到湖南省水利改革绩效的总评价结果。

由于湖南省水利改革是从水资源管理体制、水利投融资体制、水利工程建设和运行管理体制、基层水利服务体系以及水价机制等五个方面综合进行的，所以这五个方面的绩效对湖南省水利改革整体绩效的贡献可视为是相等的。因此，这里取其权重向量：

$$A = (0.2, 0.2, 0.2, 0.2, 0.2)$$

运用模糊综合评价公式(2-4)，计算可得湖南省加快水利改革试点绩效评价结果为：

$$B = A \cdot R = (0.1522, 0.6012, 0.2466, 0, 0)$$

4.3 湖南省加快水利改革试点绩效评价结论

按照隶属度最大的原则，得出湖南省加快水利改革试点绩效评价结果为较好，与前文定性评价总体相符。说明湖南省加快水利改革试点方案编制和实施过程的效果基本上都达到了预期的目标，成效比较显著。

总体而言，湖南省加快水利改革试点成效较好，其中改革绩效等级为"很好"占15.22%,"较好"占60.12%,"一般"占24.66%,无"较差"和"很差"。

具体来看,水资源管理体制改革、水利投资融资体制改革、水利工程建设和运行管理体制改革、基层水利服务体系改革以及水价改革等五个方面的成效较为显著,绩效评价的结果都属于"较好"的等级,基本达到了预期目标。

第五章
湖南省加快水利改革试点成果绩效的综合评价

5.1 改革前的现状描述

（1）水资源管理机制体制方面

湖南省河湖众多，水系复杂，历来就是洪涝干旱灾害多发区域。新中国成立后，湖南水利建设虽然取得了巨大成就，但仍然存在一些薄弱环节，主要体现在水资源管理尚显薄弱，水利投融资亟须增加，水利工程建设模式创新不足，基层水利服务相对滞后，水价制定有待改进。

根据《2010 年湖南省水资源》，2010 年改革前湖南省实际用水总量 325.2 亿 m^3，用水消耗量 139.6 亿 m^3，耗水率高达 42.9%，其中耗水量最大、耗水率最高的是农业部门（含牲畜耗水）。全省水资源开发利用率为 19.3%；全省农田灌溉水有效利用系数为 0.46，低于全国 0.5 的平均水平；水资源费征收标准地表水 0.03 元/立方米，地下水 0.05 元/立方米，均低于国家水资源费征收标准。从以上数据可以看出，湖南省用水总量增长空间已经十分有限，万元工业增加值距考核目标差距较大，灌溉水有效利用系数和水功能区的减排任务仍然十分繁重。水资源已成为制约经济社会可持续发展的主要瓶颈。如何合理地开发利用有限的水资源，事关全省能否实现经济社会可持续发展。

(2) 水利投融资体制方面

水利工程建设具有经济效益显现滞后,但社会效益巨大的特点,使得水利建设很难在资本市场中进行有效的融资。改革前,湖南省在水利方面的公共财政投入尚显不足,水利投融资机制尚不健全,缺乏吸引金融机构、民间以及外商投资的激励政策。尽管湖南省对水利设施投资的比重逐年加大,但相对于其所需资金来说仍然严重不足。水利建设资金更多地投向了大江大河治理等大型水利工程建设,对农田水利工程的倾斜力度不够,农田水利基础设施的建设被忽视。除了公共财政投入,水利融资机制亦不完善。银行及其他金融机构不愿向水利企业提供资金借贷。由于水利建设投资大、风险大、回报周期长的特点,再加上政府没有对水利借贷提供政策补偿,金融机构宁愿将大批资金投入股市、信托等高风险高收益的市场上,也不愿将资金投资到水利建设上。另外,作为经营性的水利项目,供水、水力发电或水利景观等相关工程项目是能吸引民间投资的,但现有过高的入行门槛和不合理的效益收入政策完全缺乏吸引力。供水工程的水价标准由于缺乏合理的价格定位或者监管缺失,导致供水企业难以获得预期应得效益或本身回报率极低;而水力发电作为清洁能源,虽然国家一直在大力倡导,但由于上网电价的原因,导致建设周期较长的水电项目相对于火电项目并没有明显投资优势。以一般投资者角度来看,不会选择水电投资。

(3) 水利工程建设和管理体制方面

自改革开放以来,湖南省内进行了很多水利建设,形成了一定规模的水利工程,这些工程或者仍然为全省的社会经济发展发挥着作用,或者已经完成了自己的使命,这些无疑都是湖南省水利工程发展的宝贵财富。业已形成的防洪、发电、排涝、灌溉等水利工程,对于全省水旱的防治,保证社会经济稳定发展,保护水土资源、生态环境起着重要的作用。但是,湖南省水利工程的管理也存在着诸多问题,例如体制比较死板、机制不灵活、权责不明确、经费不足等,这些问题使得全省的水利工程无法进行正常的养护,很多工程都年久失修,甚至威胁到周边人民的生命财产安全。水利改革之前,湖南省的水利工程建设仍旧是按照计划经济的管理体制进行管理的,这样的管理模式已经无法适应水利工程的发展,出现了权责不明晰、效率低下等弊端。

(4)基层水利服务体系方面

湖南省基层水利服务站建设取得了一定成效,乡镇水利机构、农民用水合作组织各司其职,各自发展,但与农村水利发展的大目标相比还有不小的差距,存在几点不足。一是编制和经费不到位。机构不健全,管理制度不完善,无法形成服务实体。乡镇水利机构承担了大量的公益性职能,按要求工作人员和公益性服务费用应纳入财政预算,但由于地方财政困难,有些县缺乏财政资金保障,基层水利机构的办公条件普遍简陋,缺乏办公设施及必要的仪器与交通工具,致使水利工程的正常运转受到影响。二是机构和队伍不稳定。乡镇水利机构缺少专业的技术人员,专业技术培训机会较少,业务素质普遍比较低,无法胜任较深层次的工作。在乡镇与其他农技人员结合的综合站,双重管理造成了水利人员工作不专一,对水利专业技术不熟练,影响了基层水利队伍的健康发展。另外,由于基层工作条件差、待遇偏低,影响了工作的积极性,致使水利工程无人管理、水事矛盾增加,不能有效发挥管理服务职能。

(5)水价方面

总体来看,湖南省各市州水价过低,水价形成机制不合理,不能反映资源的稀缺程度,是造成湖南省水资源短缺与浪费并存的主要原因之一。首先,水作为商品还没有按价值规律定价,湖南省水价总体水平低于全国平均水平,市场调节作用发挥不够。供水价格还不能完全做到保本微利甚至弥补成本。另外,湖南省的水价结构也不尽合理,各种用水价格的差价较小,不同用水行业、不同用水量的消费群体的用水差价还不明显,尤其以限制高耗水行业及用水大户为主的水价并不高。目前的水价水平和水价结构,既不利于供水工程和设施的运行、维护和更新改造,也不利于节约用水和水资源的优化配置。再者,现行的水价形成机制不能正确处理供水单位、用水户、投资者及相关各方的利益,用水户无法对供水单位的支出进行监督,因而无法有效地约束供水成本,偏低的水价亦无法使投资者获得合理的回报,不能吸引社会各界参与投资。

5.2 水利改革绩效的综合评价

定性分析与定量分析的结果均表明,湖南省加快水利改革试点的效果基本上都达到了预期的目标,成效比较显著。

在水资源管理体制方面,改革后,湖南省的涉水事务管理体制得到完善,水务社会管理和公共服务能力得到较大提升,湘江流域的流域水资源环境承载能力得以提高并基本实现了与经济社会发展相协调、相适应,水功能区管理协调机制也得到基本完善,水资源保护的管理和协调能力明显增强。

在水利投融资体制方面,改革后,湖南省基本上实现了政府水利投入总量和增幅明显提高,水利融资能力明显增强,社会资金参与水利建设的力度明显加大,农民群众兴修水利的积极性明显提升。

在水利工程建设和运行管理体制方面,改革后,湖南省水利工程建设的管理模式有了创新发展,水利建设市场逐步走向规范化发展,在农村小型水利工程产权制度和运行管理体制方面,虽然仍存在待改善的问题,但也在逐步建立制度完善、监管有效、市场规范的水利工程建设管理体制和权责明确、管理科学、保障有力的水利工程运行管理体制方面得到较大的完善。

在基层水利服务体系方面,改革后,湖南省乡镇水利站和农民用水户协会组织得到较大的推广,职能明确、布局合理、队伍精干、服务到位的基层水利服务体系基本建立起来了。

在水价改革方面,湖南省基本建立了有利于节约用水和产业结构调整的水价形成机制,用水定额管理的落实进一步促进各行各业节约用水、高效用水以及合理用水。

综上所述,湖南省加快水利改革试点成果较为显著,基本实现了逐步建立完善的水资源管理体制机制、稳定多元和持续增长的水利投入机制、科学有效的水利工程建设和管理体制、服务高效的基层水利服务体系及科学合理的水价形成机制的改革目标。

5.3 水利改革的成功经验与存在问题

5.3.1 水利改革的成功经验

(1) 水资源管理机制体制改革

第一,湖南省政府出台的最严格水资源管理制度实施方案和考核办法,确立了各市(州)"三条红线"分阶段控制目标和任务,使得各部门能够明确职责分工。

第二,通过《湖南省湘江管理条例》的出台与实施,成立湘江流域管理协调委员会,推进湘江流域管理,率先在湘江流域实行最严格水资源管理制度,使得流域与区域相结合的水资源管理体制逐渐完善。

第三,在长株潭深化城乡水务一体化管理体制改革,并逐步在全省推广,已实施水务一体化管理的试点市取得了明显的成效。

第四,水资源管理机构队伍的建设在不断地加强,省水利厅专门设立水资源处,各个市县专门设立水资源管理局。

第五,全省建成了省水环境监测中心和11个水环境监测分中心,使得湖南省水资源监测监控体系逐步得到了完善。大力开展了全省范围的河道采砂整治,加强了费源监控管理,同时构建了费源信息数据库,及时掌握费源动态信息。

第六,完成了对全省水量的分配、湖南省水资源费征收新标准的制定、全省取水许可台账的建立等水资源管理基础工作,为湖南省水资源管理机制体制的进一步完善奠定了基础。

(2) 水利投融资体制改革

第一,公共财政投入稳定增长机制逐步建立,以公共财政投入为主体,大幅度增加公共财政对水利的投入,各级财政预算水利投入增幅与同期财政经常性收入增幅同步,对水利的投入明显增加。

第二,水利规费征收管理注重完善征管制度建设,先后出台了12个文件,对水利规费收入的征收管理工作进行了规范。明确水利规费征收管理工作责任,采取目标考核奖补措施,促进水利规费征收管理责任制的落实。

第三,通过政府支持搭建融资平台、大力扶持水利投融资平台公司发展、采取多种形式增加水利投融资平台投入等措施,积极推进水利投融资平台建设。

第四,省、市财政分别设立了农田水利专项资金,通过设立省级小型农田水利设施建设补助专项资金、"一事一议"财政奖补机制;推行小型农田水利建设管理新机制等创新机制,引导农民群众积极投身农田水利建设。

(3) 水利工程建设和运行管理体制改革

第一,大中型水利工程实行总承包制和代建制取得了较好的成效:加快了政府职能转变;有助于遏制腐败;实施代建制,节约有奖,提高了投资效益;抑制了"三超"(超投资、超规模、超标准)毛病,克制了拖欠工程款现象。

第二,先行试点再全面推开地对中小型水利工程建设实行集中管理,实现建设主体和监督主体分离,有效地缓解了大规模水利建设与基层人才普遍紧缺、水利建设市场力量不足等矛盾,加快了全省中小型水利建设项目建设进度,保证了项目建设质量。

第三，在推行小型农田水利建设管理新机制方面，充分发挥受益农户在小型农田水利建设和管理中的主体作用，并采取了一系列的措施：明确职责，统一规划；发挥群众主体作用，强化项目规范管理；强化政府服务职能，构建民建民管管理体系；加大资金投入，落实奖补政策；坚持政府监管，倡导先建后补。

第四，通过建立水利建设市场信用信息平台、加强和完善水利工程招标投标管理、健全监督检查机制，规范了水利工程建设市场。

第五，在水利工程运行管理体制改革方面，明晰了水利工程产权，明确管护责任主体，进一步深化了水管体制改革工作，使得水利工程得以良性运转。

第六，在小型公益性水利工程良性运行机制方面进行了积极的研究，出台了各项办法，明确了工作目标以及管理内容、标准和职责。逐步建立小型水库管护员制度，落实管理员责任，提升素质，确保安全，按照"分级管理，分级负责"的原则，实行责任领导负责制，按照"公开、择优"的竞聘原则，明确了每座水库的专职管护人员职责。

第七，积极开展水利工程确权划界，明确工程管理和保护范围，保障水利工程的运行管理和安全。

第八，在扎实推进水利工程规范化管理方面做了大量工作，包括：及时启动水库大坝注册登记、及时启动水库大坝注册登记、大力推行水库年检制度、加强水库大坝安全监测系统建设等等。

(4) 基层水利服务体系改革

第一，建立覆盖全省每个乡镇的基层水利服务机构乡镇水利机站，进一步理顺县级各职能部门和乡镇水利站管理中的职责分工，形成科学的管理机制。

第二，科学定岗定责，强化服务职责，乡镇水利站工作责任制落实到人，规章制度健全、办事程序公开透明，水利站逐步走上规范化、标准化、制度化的轨道。

第三，深化人事改革，加强队伍建设，实施"万名基层水利站长培训"计划，省、市、县三级水行政主管部门基本建立了培训教育机制，提升基层水利服务专业技术能力。

第四，落实经费投入，完善保障机制，乡镇水利站编内人员，参加事业单位养老保险，执行事业单位养老保险制度；分流安置人员基本养老保险，按地方机构改革有关政策规定落实。

第五，以"一村一会"的形式组建农民用水户协会，通过进一步规范协会组建，按照"积极稳妥、注重实效、政府指导、农民自愿、自主管理"的原则，大力推行农民用水户协会建设；进一步明确协会的性质、职责与任务；进一步完善运行管理，划分用水小组，选举用水户代表，选举执委会成员，制订章程以及供水管理、工程维护、水费收缴、财务管理等规章制度和办法，明确有关各方权利、责任、义务；进一步健全监管机制，跟进扶持政策。

（5）水价改革

第一，将用水定额标准定位为强制性省颁标准，作为各地区各行业开展用水管理和水价改革的重要依据。

第二，长株潭地区城市非居民生活用水推行超定额累进加价制度，城市居民生活用水推行阶梯式计价。

第三，确定了节水灌溉方向和终端计量办法：管道灌溉的应用，大幅提高了用水效率，节约了水量，节省了时间，为农民减轻了用水忧虑和灌溉成本，使高效节水工程得到有效发挥。

第四，政府推进水费收缴，组建了灌区农业水价综合改革小组，明确了各协会所在乡镇在水价改革工作中应该积极引导协会工作，明确了水费收缴日期，为协会正常运行打下了坚实基础。

5.3.2 水利改革存在的问题

（1）水资源管理机制体制改革

湖南省水资源相对丰富，但水资源管理上落实"严"字难度大，一是水权价值没有得到有效显现，水权交易缺乏市场需求，水权转让实施难；二是节水推广难，节水投入大，不能充分体现经济效益；导致水资源监控基础薄弱、水资源管理经费不足、水资源管理人员缺乏、水务管理体制改革难以推进。湖南省推进水务管理体制改革工作进展比较缓慢的主要原因有：思想认识尚未十分清晰、机构职能没有调整到位、管理体制没有完全理顺。

（2）水利投融资体制改革

湖南省在改革过程中，各级政府的水利投入职责未得到有效明确、公共财政投入水利的考核办法尚未细化，水利投入难以精确计量、缺乏水利财政投入考核结果运用办法，未形成有效的激励约束机制使得水利公共财政投入稳定增长机制尚未形成制度。存在征管政策执行不到位、费源核定不到位、属于省级分成的水利非税收入不到位，存在水利非税收入征收难以足额到位，水利非税收入的征收机制不完善的问题。各市及大部分县区按政策落实划转15%的水利建设基金均未执行到位，税收计提政策未执行到位。由于抵押物短缺、缺乏有效的金融政策支持、水利基础设施还未形成具有可靠投资收益来源的水利设施建设经营模式、未建立水利公益性项目贴息政策等原因，水利项目建设的融资难度较大。由于各级政府本身的财力约束，难以在短时间内弥补对农田水利建设的历史欠账，涉及农田水利建设的资金在许多地方没有执行到位，劳动成本正在逐年提高使得农田水利的建设需求大与公共财政投入不足之间的矛盾尚未有效解决。

（3）水利工程建设和运行管理体制改革

湖南省水利工程建设和运行管理体制改革基本完成了试点目标任务，但尚有部分工作需进一步完善。一方面，由于上级主管部门没有出台关于工程确权划界的规范性文件和具体的操作指南，实际操作过程中缺乏工程确权划界政策依据；水利工程确权划界工作所必需的人员、经费短缺，工作推动乏力；群众对公益性水利工程确权划界缺乏内在动力；历史遗留问题多，确权划界难以落实到位；新建工程确权划界难导致水利工程确权划界工作滞后。另一方面,水利工程运行管理机制不顺、单位机制不灵活、维修养护经费不足以及资产管理运营体制不完善、产权不清、管护主体和责任不明、管护经费缺乏导致管理经费投入严重不足。

(4) 基层水利服务体系改革

一是基层机构能力建设投入仍存在不足。部分乡镇水利站和农民用水户协会办公经费严重不足,很难激发工作人员的积极性和创造性。二是人员整体素质不能满足当前形势。非专业人员充斥水利员岗位,不少水利站多年来未引进一名水利专业技术人员,导致专业技术人才所占比重偏低,乡镇水利站技术人员存在断层现象,影响自身职能的履行。

(5) 水价改革

湖南省铁山、黄材、官庄灌区三个水价改革试点区基本完成改革试点任务,但任务在全省却推进艰难。目前,国家加大了农业扶持力度,出台了一系列农业发展扶持政策,如取消农业税、国家增加种粮补贴等,但农业水费拖欠和拒交现象仍十分严重。加之很多地方农田灌溉最后一公里的问题没有得到很好解决,这些问题都阻碍了农业综合水价改革的实施。

另外,农田水利工程老化破损严重,造成水资源的大量浪费。由于灌区渠系不配套,主要建筑物老化严重,水费征收只能依靠行政手段,造成农民用水权利和义务不对称,水费征收困难重重。同时,还有一部分用水户协会法制观念淡薄,组织松散,部分制度或办法流于形式,管理环节上存在漏洞,加上部分协会管理人员素质普遍偏低,政策水平也较差,自我管理、自我服务、自我发展的自律意识不强,造成了协会发展的不平衡。

第六章
湖南省进一步深化水利改革的对策建议

6.1 影响因素分析

通过理论研究和规范分析,结合湖南省加快水利改革试点工作的实际,探寻影响水利改革绩效的主要因素,分析存在问题的主要原因,为提出深化水利改革的对策建议奠定必要的理论基础。总体而言,影响湖南省进一步深化水利改革的影响因素主要有以下几个方面:

一是从历史情况来看,湖南水利欠账还没有还清,水利发展和改革的任务依然艰巨。

二是从进入新常态的湖南经济形势看,由于政府土地出让收入大幅度减少,财政资金向水利投入有一定困难。

三是从人才队伍来看,水利系统的广大干部还比较缺乏资源开发型水利工作的专业知识和实践经验。

四是从项目运营来看,由于建后监管不到位、开发利用不及时等原因,一些水利工程不能正常运行,许多项目没有得到及时的开发利用,无法发挥预期的经济社会效益。

五是政策处理费用过高等因素,都影响水利建设的顺利实施。

6.2 对策建议

6.2.1 深化改革创新,促进水利事业跨越赶超发展

改革创新是一个永恒的主题,只有坚持改革创新才能保证持续的发展。当前改革进入了"攻坚区"和"深水区",如逆水行舟,不进则退。水利工作也一样,必须坚持改革,必须注重创新,如果墨守成规,将一事无成,也必将被时代所淘汰。

(1) 创新水利工程项目的前期工作

一是创新项目包装。项目建设需要大量的投资,而政府的财力是有限的,光靠政府财政投入无法解决水利大投入、大建设的资金需求。因此,必须谋划好、包装好项目,坚持所有项目建设自求资金平衡的思路,甚至有些项目要有盈利。

二是积极推进前期工作专业化、市场化,逐步推行代理制。市场化、专业化是一种趋势,它们能充分发挥市场的资源配置作用,来更加有效地推进各项工作。要尝试逐步推行项目前期工作代理制,组建专门的前期审批代理机构,抽调专业人员从事前期报批工作,项目业主出钱,专业代理机构收取一定费用,最后审批完成"交钥匙",也走出一条前期工作市场化、专业化的路子来。

三是积极谋划大项目,以大项目推进大建设、大发展。大项目建设事关经济社会全局,能促进大投资,带动经济社会大发展。

(2) 创新水利工程项目的建设管理

要在用好创新成果和巩固提高上做文章、下功夫,要把创新成果转化为实实在在的生产力,真正推进湖南省水利建设管理上水平上档次,要真正为水利事业健康持续发展服务。

(3) 创新水利工程项目的营运管理

积极探索水利工程管理物业化、集约化管理模式,首先要解放思想,一项改革只要方向对了,下定决心决策就能落实;其次,

要发展培育物业管理机构,通过出台相关政策,把项目推向市场;第三,要创新监管方式,从原有的直接负责管理工程的角色,转变到对专业物业机构的监管上。

(4) 创新市场要素的培养

一是大力培育能在湖南纳税的施工企业。作为水行政主管部门,必须下大力气扶大扶强能在湖南纳税的本土水利工程施工企业,要为地方建设和经济社会做应该做的事情。

二是大力培育能在湖南纳税的中介机构。中介机构主要包括水利工程项目建设的设计、监理、咨询、审价等,必须下大力气培养本土的中介机构,中介机构也要抓住机遇逐渐转型升级,逐渐发展壮大。

三是大力培育物业管理机构、新兴代理机构。主要培育能承担水利工程管理的物业管理,培育从事项目前期研究及审批的专业代理机构。

四是大力培育从业人员。要充分利用高校的人才及资源优势,采取联合共建的形式,开办水利专业班级,或者举办中短期专业、岗位培训班,大力培育水利专业人才。

(5) 创新水利科研工作

要进一步建立和完善水利科技科研创新体系,联合发挥高校、科研机构、设计单位等实验室、试验站的基础条件平台作用,整合提升水利科技力量,为湖南科技水利发展提供基础支撑。科研首先就是为发展服务,为现实工作服务。要加大水利先进技术和产品推广应用力度,建立一批水利科技推广示范基地。

6.2.2 改进不足、解决问题,促进水利深化改革

(1) 水资源管理机制体制改革对策及建议

第一,加快水资源监控能力建设。利用水资源费标准调整契机,每年从省级水资源费中安排5 000万~6 000万用于水资源监控能力建设,争取尽快完成省级水资源监控能力建设。

第二,加强水资源管理队伍建设。进一步健全各级水资源管理中心,为全省最严格水资源管理制度实施提供技术支撑服务,负责水资源管理日常监督工作。尽快培养锻炼一批管理型技术人才,壮大管理队伍,以适应水资源信息化、规范化、科学化和智能化管理工作的需要。

第三,加大水务管理工作的指导力度。水务管理体制改革是一项系统工作,需要上级层面更大力度的协调和推动,希望水利部在这方面加强对湖南的工作指导,积极探索一条在南方丰水地区推进水务一体化管理的途径。

第四,积极推进水利现代化建设。结合湖南实际,因地制宜提出水利现代化的目标和措施,用现代治水理念和先进科学技术武装和改造传统水利,在有条件的地方率先建成一批水利现代化示范区。加强水利科技创新平台建设,完善水利科技管理机制,力争在制约水利发展的重大问题和关键技术上取得新突破,加快水利科技创新成果转化与推广,大幅度提升水利科技成果转化率和水利科技贡献率。加快全省水文预报预测信息系统、防汛抗旱指挥系统、水资源管理信息系统、农村水利管理信息系统等信息化建设,以水利信息化带动水利现代化。

(2)水利投融资体制改革对策及建议

第一,进一步完善投融资体系制度建设。巩固取得成果,积极争取政策支持,拓宽水利建设资金来源渠道,采取有效形式鼓励和吸引社会资金投入水利建设,形成支撑水利可持续发展的稳定投入机制。

① 健全水利建设基金制度。进一步完善公益性水利工程养护基金和公益性基层服务体系运行补贴基金制度,研究出台保证水利公益性事业良性发展运行和养护基金有效使用的政策性文件,进一步落实好土地出让收益计提农田水利建设资金的政策。积极拓宽水利建设基金来源渠道,推动完善政府性水利基金政策。推动从城市建设维护税中划出足额比例用于城市防洪排涝

工程建设的政策落实。进一步完善水利规费征收,从征收的规费中提取一定比例用于水利建设基金。

② 建立广泛吸引社会资金投资水利建设机制。深入开展投融资管理体制、运行模式和效益评估等方面的研究,提前计划,科学安排,将政府财政投入水利建设资金,分配一部分用于公益性水利建设,另一部分用于能直接产生经济效益的水利建设,用效益型水利建设项目吸引社会资金投资水利建设。进一步完善水利投融资平台建设,建设以效益型投融资平台为主体,附带公益性宣传、服务等功能的现代企业。

第二,进一步完善水利金融支持相关制度建设。

① 积极争取金融机构增加水利信贷资金,完善金融支持水利建设的服务体系。由金融机构与相关部门出台支持水利建设指导意见,加强对农田水利项目未来经营收益的开发,发展以涉农、涉水贷款为基础的信贷资产支持证券,提高金融资金介入水利建设的可持续性。完善涉农、涉水信贷管理制度,简化审贷手续,压缩审批流程,适当延长水利建设的贷款期限。进一步提高金融服务效率,设置专柜或临柜,为水利建设提供专业、高效服务。

② 建立和完善水利建设项目的财政贴息制度。推动建立水利政策性金融工具,争取中央和地方财政贴息政策,为水利工程建设提供中长期、低成本的贷款。根据不同水利工程的建设特点和项目性质,确定财政贴息的规模、期限和贴息率。

第三,进一步提高水利投融资效能建设。

① 加大涉水资金整合力度。科学编制水利规划,以水利规划为引领,整合各级各部门涉水资金,按照"渠道不变,各记其功"的原则,保证涉水资金在一个框架内实施,统一实施标准,统一质量监管,避免重复建设,改变涉水资金散、乱、小的投资方式,打破行业界限和部门分割,加大农田水利项目资金整合力度,集中资金办大事,提升资金整合效益。

② 完善水利资金绩效评价机制。以水利项目实施效果为重

点,以水利项目的实施过程为评价内容,既关注项目的实施情况,也关注资金的使用情况。通过规范绩效评价程序,实现水利资金绩效评价的点面结合。水利预算绩效评价结果要结合水利预算资金的安排,体现项目决策和资金分配的科学性,要结合项目的建设管理,促进资金管理使用的规范性,要结合体制机制的建设,不断完善长效机制的建立。

第四,完善项目投资回报补偿机制。水利建设所具有的固有特性,制约了社会资金对国民经济这一重要基础设施领域的投入。因此,需要有一套完善且可行的投资回收补偿机制,吸引社会资本投资水利基础设施建设。水利产品(指具有收益性的水利项目提供的产品)的合理价格是水利项目市场化吸收建设资金的保证。当前我国水利产品价格存在的突出问题是改革滞后,水价偏低,为了市场化方式吸收水利建设资金顺利推进,必须理顺当前不合理的水利产品的价格。对城市和工业用水按补偿成本、合理盈利、公平负担的原则。对农业用水既要考虑到农民承受能力,又要实行定额用水,超额加价。各级地方政府和农村基层组织,在增加投入、加强水利建设的同时,要利用各种媒体、各种方式,在农村大力宣传有偿用水理念,大力采用节水技术,发展节水型农业;减少中间环节,提高水费计收的透明度,实行基本水价与计量水价相结合的两部制水价。积极推进水利产权制度改革,通过资产重组盘活水利资产存量,不断壮大和发展水利资产。

第五,营造良好的投融资外部环境。水利建设是全社会和全民受益的基础设施建设。在社会主义市场经济的条件下,全社会参与水利建设的至关重要的基础是,政府要建设一个优良的投资环境,一个公平的投资市场,一个规范的、有序的、法治下的经济市场。运作规范和有效的市场经济体制一般具有以下五个共同特点,即独立的企业制度、有效的市场竞争、规范的政府职能、良好的社会信用和健全的法制基础。建设一个具有良好秩序、公平竞争、社会主义法治下的规范的市场,营造一个有激励机制的投资环境，充分吸引国内外投资者、全民参与水利建设。

（3）水利工程建设和运行管理体制改革对策及建议

第一，组织开展水利工程确权划界工作。政府部门牵头，根据调研结果研究出台工程确权划界的政策文件，制定工程确权划界操作指南。确权划界工作要本着"尊重历史，承认现实，积极协商，合理解决"的原则，避免矛盾激化。

要建立完整的水利工程确权划界工作档案，对相关依据和资料文件进行整理归档，组织对原有埋设界桩情况的检查、修缮、更新、补充工作。

对今后新建、改建和扩建的水利工程，必须在工程设计中明确工程管理和保护范围，工程竣工验收前由县级以上人民政府划定管理和保护范围，工程竣工验收后尽快完成征用土地的确权工作。完成确权划界工作后要及时埋设界桩，及时到规划、国土等有关部门登记、备案，及时向社会公告，以此强化管理，巩固确权划界成果。

由此形成归属清晰、权责明确、监管有效的保护管理制度。

第二，加大对水利工程各项工作的经费投入力度。

① 增加水利工程监测系统经费。湖南省大多数水库监测系统建设资金来源于工程建设资金。但在工程建设资金一定的情况下，能用于大坝安全监测系统建设的资金很少。为此，建议启动水库大坝安全监测系统建设专项资金，同时各级财政安排专项经费用于大坝安全监测系统运行维护，确保大坝安全监测系统长期有效运行。

② 增加水利工程维修养护经费。推动政府出台公益性水利工程维修养护办法，通过建立健全水利工程运行维护经费保障机制，逐步落实公益性、准公益性水利工程管理单位基本支出和工程维修养护经费。培育和规范水利工程维修养护市场，继续推进管养分离，推行水利工程维修养护物业化管理。严格水利工程管护责任，建立水利工程管护考评制度，制定水利工程管护考核

细则。

③增加病险水库除险加固经费。湖南省小型水库众多,小型水库在防洪、灌溉、供水、发电、保护生态等方面发挥着重要作用,是防洪工程体系和水利基础设施的重要组成部分。小型水库点多面广且绝大多数为农村集体经济组织所有,目前病险水库众多。为迅速改变这种状况,建议加大小型病险水库治理资金的投入力度,帮助各地加快小型病险水库的治理,与此同时,要加快小型水库通信、通路、通电及信息化的投入,确保小型水库的安全。

第三,推动水利工程建设模式转型。近年来湖南省的水利建设任务十分艰巨,投入成倍递增。推动水利工程建设模式转型,高效地利用投入资金势在必行。

对水利项目实行总承包制和代建制可以简化合同关系,克服设计、采购、施工责任分离相互脱节的矛盾,明确责任追究,缩短水利工程建设周期,综合控制项目工程质量、安全、工期和投资,提高建设管理水平、投资效益和工程质量。

实施水利工程管养分离可以将市场机制引入到水利工程的建设和管理中来,使其逐步适应市场的经济环境,促进我国的水利工程建设管理更加专业化和科学化。

针对小型工程与大中型工程存在的差别,需要首先明确工程的产权,再利用专业化、社会化的管理达到集中管理的目的,使工程的管理体制得到创新。如果小型水利工程带有经营性功能的话,可以采取承包、拍卖、租赁、股份制合作等方式对其进行管理。只有将市场机制引入到小型水利工程的管理当中,才能达到理想的管理效果,实现改革的效果。

(4) 基层水利服务体系改革对策及建议

第一,加强水利站规范化指导。建议整合水利服务机构编制,定位基层水利站为县水务局的派出机构,实行垂直管理,这样有利于县级水务部门统一调度全县基层水利服务力量,有效应对当前建设管理任务重的实际需求。在基层水利站设置过程中,要注意与现有水保站、防汛办、抗旱服务队等机构的有机整合,避免重复设置。

2014年,水利部专门印发了《关于加强基层水利服务机构能力建设的指导意见》(水农[2014]189号),进一步明确落实乡镇水利站能力建设地方经费保障制度。建议省级财政建立乡镇水利站能力建设资金投入增长机制,加快提升基层水利站公益服务效能。

第二,推进农民用水合作组织建设。建立综合型基层水利服务体系需要在完善水利站的基础上推进农民用水合作组织建设,两者相互联系,相互支撑。农民用水合作组织是最直接、最高效的管理基层水利工程的方法和途径。以往农民作为用水主体却不参与用水管理,没有用水知情权、决策权和管理权。成立农民用水合作组织,调动农民的积极性,使其在管理、建设、财务上都享有高度的知情权和参与权,从根本上解决以往产权模糊、主体不明、责任不清等问题。

农民用水合作组织是农民自愿、自主管理的公益性社会团体,其日常运转需要财政部门建立专项资金加以扶持。

第三,加大基层技术人员引进和培训力度。截至2014年,全省乡镇水利站在职人员本科以上学历491人,工程师以上职称人数为907人,分别占在职人员总数的4.86%和8.97%。乡镇水利人员整体文化程度较低、工程技术人员少,水利站服务水平受制约。建议联合人社部门研究出台人员引进制度,从水电职院等院校每年引进100名优秀应届毕业生充实各基层水管单位,给予正式编制,充实基层"水官"。

除了人才引进,还要进行大范围、多学科、多专业的技能培训,提高基层水利站员工的服务水平和管理能力,切实承担起应有的义务和责任。各级水行政主管部门制订详细具体、具备可操作性的年度培训计划,设立专项培训经费,聘请专家编写培训手册和技能手册,以满足不同服务主体和对象的需求,同时要建立专业技能考核制度,培训合格的颁发结业证或者技能证。

(5)水价改革对策及建议

第一,推进农业水价综合改革增点扩面。按照促进节约用水,保障灌排工程良性运行的原则,继续深入推进农业水价综合改革,在认真总结农业水价改革经验的基础上,按照整体推进"集中连片"形成规模的原则,逐步扩大农业水价综合改革示范项目建设范围,加快农业末级渠系节水改造步伐,培育和完善农民用水自治组织,实施计量收费和农业终端水价制度,促进农田水利良性运行机制的建立。农业水价综合改革是一个系统工程,需要综合配套、整体推进才能发挥整体效益。目前,农业水价综合改革的资金量少,项目点太少,面太窄。建议加大资金投入,在具备基础条件的灌区或区县市增加项目区,实行高效节水工程,增加量水设施,并加大对协会辖区内小型水利工程维修养护的资金扶持力度。

第二,加大对农民用水户协会扶持力度。农民用水户协会目前仍处于发展初期,其自身发展和壮大还需要较长的时间,资金是决定性因素。农民用水户协会是非营利性的群众性社团组织,没有经济利益,这样的组织在目前农村很难可持续发展。因此,政府部门在今后较长的一段时间内,对农民用水户协会提供资金扶持是十分必要的。需要进一步加大政策支持和引导,出台相关文件,大力推行由农民用水户协会为建设单位的小型农田水利建设,自建自管,内部消化协调水事纠纷,减少工程中间环节,达到真正放权的目的。

第三,建立灌排工程运行管理经费补贴制度。节约用水、降低农民水费支出、保障灌排工程良性运行是农业水价改革的三大主要目标。在降低农户水费支出的情况下,如何通过发挥水价经济杠杆作用促进节约用水,如何保障灌排工程良性运行的费用,是迫切需要解决的难题。现行农业水价标准低、实收率低,水费难以维持灌排工程正常运行。农业灌排工程运行管理费用财政补助可以在一定程度上解决灌排工程运行费用，确保灌排工程良性运行。根据农业灌排工程特点分类确定财政补助方式、对象、范围和补助标准等，兼顾国有供水单位和农户，兼顾国有工程和群管工程，建立和完善灌排工程运行管理财政补助机制，合理分担农业供水成本，因地制宜探索补贴水管单位的财政明补或补贴用水户的财政暗补等形式，以直接或间接的方式形成财政对用水价格的补贴，并随着用水户承受能力的提升、水价的提高，制定分步实施计划，一定阶段后可逐年减少补助。

第四，大力扭转"重建轻管"的局面。建议加大对水利工程的建后管理工作力度，保障工程管理运行经费，逐步推行向社会购买服务机制。建立良性的水利工程运行管理体制，维护小型水利工程、对主体进行高效管理，跟进管理经费，解决公益性水利工程设施损毁、失修、效益衰减等问题。建立水利工程的考核机制、维护经费补助机制，设立地方财政水利工程维修养护专项资金。

第五，完善供用水监督管理体系。为有效保证生产、生活和生态等各种结构供水的有效性和合理性，建议在继续强化水资源统一管理体制的基础上，建立用水审计制度，通过对用水活动的监督评价，促进供水服务水平有效提高，优化调整供水结构及地域、行业之间的差异，确保供水的公平与效率。

附录

中共中央 国务院关于加快水利改革发展的决定(节选)
(二〇一〇年十二月三十一日)

水是生命之源、生产之要、生态之基。兴水利、除水害,事关人类生存、经济发展、社会进步,历来是治国安邦的大事。促进经济长期平稳较快发展和社会和谐稳定,夺取全面建设小康社会新胜利,必须下决心加快水利发展,切实增强水利支撑保障能力,实现水资源可持续利用。近年来我国频繁发生的严重水旱灾害,造成重大生命财产损失,暴露出农田水利等基础设施十分薄弱,必须大力加强水利建设。现就加快水利改革发展,作出如下决定。

一、新形势下水利的战略地位

(一)水利面临的新形势。新中国成立以来,特别是改革开放以来,党和国家始终高度重视水利工作,领导人民开展了气壮山河的水利建设,取得了举世瞩目的巨大成就,为经济社会发展、人民安居乐业作出了突出贡献。但必须看到,人多水少、水资源时空分布不均是我国的基本国情水情。洪涝灾害频繁仍然是中华民族的心腹大患,水资源供需矛盾突出仍然是可持续发展的主要瓶颈,农田水利建设滞后仍然是影响农业稳定发展和国家粮食安全的最大硬伤,水利设施薄弱仍然是国家基础设施的明显短板。随着工业化、城镇化深入发展,全球气候变化影响加大,我国水利面临的形势更趋严峻,增强防灾减灾能力要求越来越迫切,强化水资源节约保护工作越来越繁重,加快扭转农业主要"靠天吃饭"

局面任务越来越艰巨。2010年西南地区发生特大干旱、多数省区市遭受洪涝灾害、部分地方突发严重山洪泥石流,再次警示我们加快水利建设刻不容缓。

(二)新形势下水利的地位和作用。水利是现代农业建设不可或缺的首要条件,是经济社会发展不可替代的基础支撑,是生态环境改善不可分割的保障系统,具有很强的公益性、基础性、战略性。加快水利改革发展,不仅事关农业农村发展,而且事关经济社会发展全局;不仅关系到防洪安全、供水安全、粮食安全,而且关系到经济安全、生态安全、国家安全。要把水利工作摆上党和国家事业发展更加突出的位置,着力加快农田水利建设,推动水利实现跨越式发展。

二、水利改革发展的指导思想、目标任务和基本原则

(三)指导思想。全面贯彻党的十七大和十七届三中、四中、五中全会精神,以邓小平理论和"三个代表"重要思想为指导,深入贯彻落实科学发展观,把水利作为国家基础设施建设的优先领域,把农田水利作为农村基础设施建设的重点任务,把严格水资源管理作为加快转变经济发展方式的战略举措,注重科学治水、依法治水,突出加强薄弱环节建设,大力发展民生水利,不断深化水利改革,加快建设节水型社会,促进水利可持续发展,努力走出一条中国特色水利现代化道路。

(四)目标任务。力争通过5年到10年努力,从根本上扭转水利建设明显滞后的局面。到2020年,基本建成防洪抗旱减灾体系,重点城市和防洪保护区防洪能力明显提高,抗旱能力显著增强,"十二五"期间基本完成重点中小河流(包括大江大河支流、独流入海河流和内陆河流)重要河段治理、全面完成小型水库除险加固和山洪灾害易发区预警预报系统建设;基本建成水资源合理配置和高效利用体系,全国年用水总量力争控制在6 700亿立方米以内,城乡供水保证率显著提高,城乡居民饮水安全得到全面保障,万元国内生产总值和万元工业增加值用水量明显降低,

农田灌溉水有效利用系数提高到 0.55 以上，"十二五"期间新增农田有效灌溉面积 4 000 万亩；基本建成水资源保护和河湖健康保障体系，主要江河湖泊水功能区水质明显改善，城镇供水水源地水质全面达标，重点区域水土流失得到有效治理，地下水超采基本遏制；基本建成有利于水利科学发展的制度体系，最严格的水资源管理制度基本建立，水利投入稳定增长机制进一步完善，有利于水资源节约和合理配置的水价形成机制基本建立，水利工程良性运行机制基本形成。

（五）基本原则。一要坚持民生优先。着力解决群众最关心最直接最现实的水利问题，推动民生水利新发展。二要坚持统筹兼顾。注重兴利除害结合、防灾减灾并重、治标治本兼顾，促进流域与区域、城市与农村、东中西部地区水利协调发展。三要坚持人水和谐。顺应自然规律和社会发展规律，合理开发、优化配置、全面节约、有效保护水资源。四要坚持政府主导。发挥公共财政对水利发展的保障作用，形成政府社会协同治水兴水合力。五要坚持改革创新。加快水利重点领域和关键环节改革攻坚，破解制约水利发展的体制机制障碍。

三、突出加强农田水利等薄弱环节建设

（六）大兴农田水利建设。到 2020 年，基本完成大型灌区、重点中型灌区续建配套和节水改造任务。结合全国新增千亿斤粮食生产能力规划实施，在水土资源条件具备的地区，新建一批灌区，增加农田有效灌溉面积。实施大中型灌溉排水泵站更新改造，加强重点涝区治理，完善灌排体系。健全农田水利建设新机制，中央和省级财政要大幅增加专项补助资金，市、县两级政府也要切实增加农田水利建设投入，引导农民自愿投工投劳。加快推进小型农田水利重点县建设，优先安排产粮大县，加强灌区末级渠系建设和田间工程配套，促进旱涝保收高标准农田建设。因地制宜兴建中小型水利设施，支持山丘区小水窖、小水池、小塘坝、小泵站、小水渠等"五小水利"工程建设，重点向革命老区、民族地区、边疆地区、贫困地区倾斜。大力发展节水灌溉,推广渠道防渗、管道输水、喷灌滴灌等技术,扩大节水、抗旱设备补贴范围。积极发展旱作农业,采用地膜覆盖、深松深耕、保护性耕作等技术。稳步发展牧区水利,建设节水高效灌溉饲草料地。

(七)加快中小河流治理和小型水库除险加固。中小河流治理要优先安排洪涝灾害易发、保护区人口密集、保护对象重要的河流及河段,加固堤岸,清淤疏浚,使治理河段基本达到国家防洪标准。巩固大中型病险水库除险加固成果,加快小型病险水库除险加固步伐,尽快消除水库安全隐患,恢复防洪库容,增强水资源调控能力。推进大中型病险水闸除险加固。山洪地质灾害防治要坚持工程措施和非工程措施相结合,抓紧完善专群结合的监测预警体系,加快实施防灾避让和重点治理。

(八)抓紧解决工程性缺水问题。加快推进西南等工程性缺水地区重点水源工程建设,坚持蓄引提与合理开采地下水相结合,以县域为单元,尽快建设一批中小型水库、引提水和连通工程,支持农民兴建小微型水利设施,显著提高雨洪资源利用和供水保障能力,基本解决缺水城镇、人口较集中乡村的供水问题。

(九)提高防汛抗旱应急能力。尽快健全防汛抗旱统一指挥、分级负责、部门协作、反应迅速、协调有序、运转高效的应急管理机制。加强监测预警能力建设,加大投入,整合资源,提高雨情汛情旱情预报水平。建立专业化与社会化相结合的应急抢险救援队伍,着力推进县乡两级防汛抗旱服务组织建设,健全应急抢险物资储备体系,完善应急预案。建设一批规模合理、标准适度的抗旱应急水源工程,建立应对特大干旱和突发水安全事件的水源储备制度。加强人工增雨(雪)作业示范区建设,科学开发利用空中云水资源。

(十)继续推进农村饮水安全建设。到2013年解决规划内农村饮水安全问题,"十二五"期间基本解决新增农村饮水不安全人口的饮水问题。积极推进集中供水工程建设,提高农村自来水普及率。有条件的地方延伸集中供水管网，发展城乡一体化供水。加强农村饮水安全工程运行管理，落实管护主体，加强水源保护和水质监测，确保工程长期发挥效益。制定支持农村饮水安全工程建设的用地政策，确保土地供应，对建设、运行给予税收优惠，供水用电执行居民生活或农业排灌用电价格。

四、全面加快水利基础设施建设

（十一）继续实施大江大河治理。进一步治理淮河，搞好黄河下游治理和长江中下游河势控制，继续推进主要江河河道整治和堤防建设，加强太湖、洞庭湖、鄱阳湖综合治理，全面加快蓄滞洪区建设，合理安排居民迁建。搞好黄河下游滩区安全建设。"十二五"期间抓紧建设一批流域防洪控制性水利枢纽工程，不断提高调蓄洪水能力。加强城市防洪排涝工程建设，提高城市排涝标准。推进海堤建设和跨界河流整治。

（十二）加强水资源配置工程建设。完善优化水资源战略配置格局，在保护生态前提下，尽快建设一批骨干水源工程和河湖水系连通工程，提高水资源调控水平和供水保障能力。加快推进南水北调东中线一期工程及配套工程建设，确保工程质量，适时开展南水北调西线工程前期研究。积极推进一批跨流域、区域调水工程建设。着力解决西北等地区资源性缺水问题。大力推进污水处理回用，积极开展海水淡化和综合利用，高度重视雨水、微咸水利用。

（十三）搞好水土保持和水生态保护。实施国家水土保持重点工程，采取小流域综合治理、淤地坝建设、坡耕地整治、造林绿化、生态修复等措施，有效防治水土流失。进一步加强长江上中游、黄河上中游、西南石漠化地区、东北黑土区等重点区域及山洪地质灾害易发区的水土流失防治。继续推进生态脆弱河流和地区水生态修复，加快污染严重江河湖泊水环境治理。加强重要生态保护区、水源涵养区、江河源头区、湿地的保护。实施农村河道综合整治，大力开展生态清洁型小流域建设。强化生产建设项目水土保持监督管理。建立健全水土保持、建设项目占用水利设施和水域等补偿制度。

（十四）合理开发水能资源。在保护生态和农民利益前提下，加快水能资源开发利用。统筹兼顾防洪、灌溉、供水、发电、航运等功能，科学制定规划，积极发展水电，加强水能资源管理，规范开发许可，强化水电安全监管。大力发展农村水电，积极开展水电新农村电气化县建设和小水电代燃料生态保护工程建设，搞好农村水电配套电网改造工程建设。

（十五）强化水文气象和水利科技支撑。加强水文气象基础设施建设，扩大覆盖范围，优化站网布局，着力增强重点地区、重要城市、地下水超采区水文测报能力，加快应急机动监测能力建设，实现资料共享，全面提高服务水平。健全水利科技创新体系，强化基础条件平台建设，加强基础研究和技术研发，力争在水利重点领域、关键环节和核心技术上实现新突破，获得一批具有重大实用价值的研究成果，加大技术引进和推广应用力度。提高水利技术装备水平。建立健全水利行业技术标准。推进水利信息化建设，全面实施"金水工程"，加快建设国家防汛抗旱指挥系统和水资源管理信息系统，提高水资源调控、水利管理和工程运行的信息化水平，以水利信息化带动水利现代化。加强水利国际交流与合作。

五、建立水利投入稳定增长机制

（十六）加大公共财政对水利的投入。多渠道筹集资金，力争今后10年全社会水利年平均投入比2010年高出一倍。发挥政府在水利建设中的主导作用，将水利作为公共财政投入的重点领域。各级财政对水利投入的总量和增幅要有明显提高。进一步提高水利建设资金在国家固定资产投资中的比重。大幅度增加中央和地方财政专项水利资金。从土地出让收益中提取10%用于农田水利建设，充分发挥新增建设用地土地有偿使用费等土地整治资金的综合效益。进一步完善水利建设基金政策，延长征收年限,拓宽来源渠道,增加收入规模。完善水资源有偿使用制度,合理调整水资源费征收标准,扩大征收范围,严格征收、使用和管理。有重点防洪任务和水资源严重短缺的城市要从城市建设维护税中划出一定比例用于城市防洪排涝和水源工程建设。切实加强水利投资项目和资金监督管理。

(十七)加强对水利建设的金融支持。综合运用财政和货币政策,引导金融机构增加水利信贷资金。有条件的地方根据不同水利工程的建设特点和项目性质,确定财政贴息的规模、期限和贴息率。在风险可控的前提下,支持农业发展银行积极开展水利建设中长期政策性贷款业务。鼓励国家开发银行、农业银行、农村信用社、邮政储蓄银行等银行业金融机构进一步增加农田水利建设的信贷资金。支持符合条件的水利企业上市和发行债券,探索发展大型水利设备设施的融资租赁业务,积极开展水利项目收益权质押贷款等多种形式融资。鼓励和支持发展洪水保险。提高水利利用外资的规模和质量。

(十八)广泛吸引社会资金投资水利。鼓励符合条件的地方政府融资平台公司通过直接、间接融资方式,拓宽水利投融资渠道,吸引社会资金参与水利建设。鼓励农民自力更生、艰苦奋斗,在统一规划基础上,按照多筹多补、多干多补原则,加大一事一议财政奖补力度,充分调动农民兴修农田水利的积极性。结合增值税改革和立法进程,完善农村水电增值税政策。完善水利工程耕地占用税政策。积极稳妥推进经营性水利项目进行市场融资。

六、实行最严格的水资源管理制度

(十九)建立用水总量控制制度。确立水资源开发利用控制红线,抓紧制定主要江河水量分配方案,建立取用水总量控制指标体系。加强相关规划和项目建设布局水资源论证工作,国民经济和社会发展规划以及城市总体规划的编制、重大建设项目的布局,要与当地水资源条件和防洪要求相适应。严格执行建设项目水资源论证制度,对擅自开工建设或投产的一律责令停止。严格取水许可审批管理,对取用水总量已达到或超过控制指标的地区,暂停审批建设项目新增取水;对取用水总量接近控制指标的地区,限制审批新增取水。严格地下水管理和保护,尽快核定并公布禁采和限采范围,逐步削减地下水超采量,实现采补平衡。强化水资源统一调度,协调好生活、生产、生态环境用水,完善水资源调度方案、应急调度预案和调度计划。建立和完善国家水权制度,充分运用市场机制优化配置水资源。

(二十)建立用水效率控制制度。确立用水效率控制红线,坚决遏制用水浪费,把节水工作贯穿于经济社会发展和群众生产生活全过程。加快制定区域、行业和用水产品的用水效率指标体系,加强用水定额和计划管理。对取用水达到一定规模的用水户实行重点监控。严格限制水资源不足地区建设高耗水型工业项目。落实建设项目节水设施与主体工程同时设计、同时施工、同时投产制度。加快实施节水技术改造,全面加强企业节水管理,建设节水示范工程,普及农业高效节水技术。抓紧制定节水强制性标准,尽快淘汰不符合节水标准的用水工艺、设备和产品。

(二十一)建立水功能区限制纳污制度。确立水功能区限制纳污红线,从严核定水域纳污容量,严格控制入河湖排污总量。各级政府要把限制排污总量作为水污染防治和污染减排工作的重要依据,明确责任,落实措施。对排污量已超出水功能区限制排污总量的地区,限制审批新增取水和入河排污口。建立水功能区水质达标评价体系,完善监测预警监督管理制度。加强水源地保护,依法划定饮用水水源保护区,强化饮用水水源应急管理。建立水生态补偿机制。

(二十二)建立水资源管理责任和考核制度。县级以上地方政府主要负责人对本行政区域水资源管理和保护工作负总责。严格实施水资源管理考核制度,水行政主管部门会同有关部门,对各地区水资源开发利用、节约保护主要指标的落实情况进行考核,考核结果交由干部主管部门,作为地方政府相关领导干部综合考核评价的重要依据。加强水量水质监测能力建设,为强化监督考核提供技术支撑。

七、不断创新水利发展体制机制

(二十三)完善水资源管理体制。强化城乡水资源统一管理,对城乡供水、水资源综合利用、水环境治理和防洪排涝等实行统筹规划、协调实施,促进水资源优化配置。完善流域管理与区域管理相结合的水资源管理制度,建立事权清晰、分工明确、行为规范、运转协调的水资源管理工作机制。进一步完善水资源保护和水污染防治协调机制。

(二十四)加快水利工程建设和管理体制改革。区分水利工程性质,分类推进改革,健全良性运行机制。深化国有水利工程管理体制改革,落实好公益性、准公益性水管单位基本支出和维修养护经费。中央财政对中西部地区、贫困地区公益性工程维修养护经费给予补助。妥善解决水管单位分流人员社会保障问题。深化小型水利工程产权制度改革,明确所有权和使用权,落实管护主体和责任,对公益性小型水利工程管护经费给予补助,探索社会化和专业化的多种水利工程管理模式。对非经营性政府投资项目,加快推行代建制。充分发挥市场机制在水利工程建设和运行中的作用,引导经营性水利工程积极走向市场,完善法人治理结构,实现自主经营、自负盈亏。

(二十五)健全基层水利服务体系。建立健全职能明确、布局合理、队伍精干、服务到位的基层水利服务体系,全面提高基层水利服务能力。以乡镇或小流域为单元,健全基层水利服务机构,强化水资源管理、防汛抗旱、农田水利建设、水利科技推广等公益性职能,按规定核定人员编制,经费纳入县级财政预算。大力发展农民用水合作组织。

(二十六)积极推进水价改革。充分发挥水价的调节作用,兼顾效率和公平,大力促进节约用水和产业结构调整。工业和服务业用水要逐步实行超额累进加价制度,拉开高耗水行业与其他行业的水价差价。合理调整城市居民生活用水价格，稳步推行阶梯式水价制度。按照促进节约用水、降低农民水费支出、保障灌排工程良性运行的原则，推进农业水价综合改革，农业灌排工程运行管理费用由财政适当补助，探索实行农民定额内用水享受优惠水价、超定额用水累进加价的办法。

八、切实加强对水利工作的领导

（二十七）落实各级党委和政府责任。各级党委和政府要站在全局和战略高度，切实加强水利工作，及时研究解决水利改革发展中的突出问题。实行防汛抗旱、饮水安全保障、水资源管理、水库安全管理行政首长负责制。各地要结合实际，认真落实水利改革发展各项措施，确保取得实效。各级水行政主管部门要切实增强责任意识，认真履行职责，抓好水利改革发展各项任务的实施工作。各有关部门和单位要按照职能分工，尽快制定完善各项配套措施和办法，形成推动水利改革发展合力。把加强农田水利建设作为农村基层开展创先争优活动的重要内容，充分发挥农村基层党组织的战斗堡垒作用和广大党员的先锋模范作用，带领广大农民群众加快改善农村生产生活条件。

（二十八）推进依法治水。建立健全水法规体系，抓紧完善水资源配置、节约保护、防汛抗旱、农村水利、水土保持、流域管理等领域的法律法规。全面推进水利综合执法，严格执行水资源论证、取水许可、水工程建设规划同意书、洪水影响评价、水土保持方案等制度。加强河湖管理，严禁建设项目非法侵占河湖水域。加强国家防汛抗旱督察工作制度化建设。健全预防为主、预防与调处相结合的水事纠纷调处机制，完善应急预案。深化水行政许可审批制度改革。科学编制水利规划，完善全国、流域、区域水利规划体系，加快重点建设项目前期工作，强化水利规划对涉水活动的管理和约束作用。做好水库移民安置工作，落实后期扶持政策。

（二十九）加强水利队伍建设。适应水利改革发展新要求，全面提升水利系统干部职工队伍素质,切实增强水利勘测设计、建设管理和依法行政能力。支持大专院校、中等职业学校水利类专业建设。大力引进、培养、选拔各类管理人才、专业技术人才、高技能人才,完善人才评价、流动、激励机制。鼓励广大科技人员服务于水利改革发展第一线,加大基层水利职工在职教育和继续培训力度,解决基层水利职工生产生活中的实际困难。广大水利干部职工要弘扬"献身、负责、求实"的水利行业精神,更加贴近民生,更多服务基层,更好服务经济社会发展全局。

(三十)动员全社会力量关心支持水利工作。加大力度宣传国情水情,提高全民水患意识、节水意识、水资源保护意识,广泛动员全社会力量参与水利建设。把水情教育纳入国民素质教育体系和中小学教育课程体系,作为各级领导干部和公务员教育培训的重要内容。把水利纳入公益性宣传范围,为水利又好又快发展营造良好舆论氛围。对在加快水利改革发展中取得显著成绩的单位和个人,各级政府要按照国家有关规定给予表彰奖励。

水利部关于开展加快水利改革试点工作的通知

(水规计〔2011〕292号)

湖南省水利厅、浙江省水利厅、重庆市水利局：

为贯彻落实《中共中央国务院关于加快水利改革发展的决定》(中发〔2011〕1号，以下简称"中央一号文件")精神，加快水利重点领域和关键环节改革攻坚，有效破解水利发展的体制机制障碍，经研究并征得试点地区同意，我部将开展加快水利改革试点。现将有关事项通知如下：

一、总体要求

围绕中央一号文件中提出的水利改革重点任务，在试点地区加快建立水利投入稳定增长机制、完善水资源管理体制、加快水利工程建设和管理体制改革、健全基层水利服务体系、积极推进水价改革，力争在水利重点领域和关键环节改革攻坚中率先取得突破，为全国全面推进水利改革提供经验借鉴和示范。

二、试点任务

按照中央一号文件精神，重点围绕以下五项水利改革重点内容开展试点。

(一)建立水利投入稳定增长机制

切实落实中央一号文件关于加大公共财政投入、落实从土地出让收益中提取一定比例用于农田水利建设、稳定和扩大水利建设基金规模和来源渠道、加强对水利建设的金融支持以及广泛吸引社会资金投资水利等方面的政策措施，建立水利投入稳定增长机制。

(二)完善水资源管理体制

按照推进城乡统筹发展的客观要求，强化城乡水资源统一管理，加快以推进城乡水务一体化为标志的水管理体制改革，提高水务管理水平。

(三)加快水利工程建设和管理体制改革

深化国有水利工程管理体制改革，进一步落实好公益性、准公益性水管单位基本支出和维修养护经费;推进农村集体所有的小型水利工程管理体制改革,明确工程管护主体和管护责任,落实公益性小型水利工程管护经费补助,建立健全水利工程管理的良性运行机制;进一步推进建设管理体制改革,以适应大规模水利工程建设的需要,推行以县(市、区)为单元组建项目法人,实行集中建设管理。

(四) 健全基层水利服务体系

建立健全职能明确、布局合理、队伍精干、服务到位的基层水利服务体系,严格按规定定编定岗,经费纳入县级财政预算,确保机构职能到位、人员到位和资金到位,提高基层水利服务能力。

(五) 推进水价改革

充分发挥水价的经济调节作用,建立有利于水资源节约和合理配置的水价形成机制。推进农业水价综合改革,落实农业灌排工程运行管理费用补贴,以及农民定额内用水享受优惠水价政策。

三、试点时间、范围及重点内容

试点时间按2~3年安排。

综合考虑水利改革工作基础、积极性、典型性和代表性,选取试点的范围及主要内容如下:

湖南省:全面开展五项改革试点;

浙江省:重点开展加快水利工程建设和管理体制改革和健全基层服务体系试点;

重庆市:重点开展建立水利投入稳定增长机制和推进水价改革试点。

其他省(区、市)可结合工作实际,开展加快水利改革试点相关工作。

四、试点工作的组织实施

为加强对加快水利改革试点工作的组织领导,水利部将成立试点工作领导小组,负责从总体上组织指导试点工作,协调解决试点工作中重要事项。工作领导小组下设办公室,日常工作由规划计划司协调有关司局开展。各流域机构按照水利部的要求,对本流域内的试点工作给予指导。建议备试点省(市)政府成立相应试点工作领导小组。

试点工作具体实施由各试点省(市)负责。水利部会同试点地区省级人民政府负责试点工作的评估、验收和经验推广。

五、试点工作要求

(一)编制试点方案

各试点地区水行政主管部门要按照试点内容和进度要求,抓紧组织编制本地区加快水利改革试点方案。试点方案要紧密结合当地经济社会发展需求,梳理制约水利改革发展的突出问题、难题和重点,突出试点任务的重点内容,提高试点方案的针对性,加强与省(市)有关部门的沟通协调,强化方案的可操作性。

(二)方案审批

试点方案由水利部组织审查,由水利部和试点地区省级人民政府联合批复。争取2011年8月底前全部完成试点方案审批工作。

(三)实施管理

各试点地区要制定切实可行的工作措施,按照批复的试点方案,全面推进加快水利改革试点各项工作;要建立试点工作进展情况总结和督查制度,对试点工作组织阶段性评估和监督检查。我部将与试点地区建立联系机制,加强沟通交流,定期对试点进展情况进行评估,及时进行总结、评估和验收,采取多种方式推广试点经验,切实起到树立标杆和率先示范作用。

水利部
二〇一一年六月七日

湖南省人民政府关于印发《湖南省加快水利改革试点方案》的通知

（湘政发〔2011〕30号）

各市州、县市区人民政府，省政府各厅委、各直属机构：

《湖南省加快水利改革试点方案》已经水利部、省人民政府批准，现印发给你们，请结合实际，认真组织实施。

湖南省人民政府
二〇一一年八月三十一日

湖南省加快水利改革试点方案

1 水利改革的指导思想、原则、目标

1.1 指导思想

深入贯彻科学发展观，全面落实中央一号文件、中央水利工作会议精神和省委一号文件要求，围绕加快经济发展方式转变、推进"四化两型"建设，从湖南水利重点领域和关键环节入手，坚持改革创新，破解影响水利发展的体制机制性障碍，着力构建充满活力、富有效率、更加开放、有利于科学发展的体制机制，促进湖南水利发展，为湖南经济社会又好又快发展提供支撑，为全国水利改革提供经验和示范。

1.2 改革原则

坚持以人为本，民生优先。把人民群众最关心、最直接、最现实的水问题作为水利改革的出发点和落脚点，使水利改革成果惠及广大人民群众。

坚持因地制宜，分类指导。结合湖南省情、水情，分类指导，统筹推进。

坚持整体设计，重点突破。立足当前，着眼长远，从重点领域、关键环节入手，重点突破、整体推进。

坚持政府主导，部门联动。强化政府主导作用，加强部门间

协调配合，形成加快水利改革的强大合力。

坚持制度创新，依法推进。依法治水，创新制度，破除制约水利发展的体制机制性障碍。

坚持广泛动员，公众参与。提高全社会对水利改革的认识和关注度，动员全社会力量支持、参与水利改革。

1.3 目标任务

力争用3年左右的时间，逐步建立完善的水资源管理体制机制、稳定多元和持续增长的水利投入机制、科学有效的水利工程建设和管理体制、服务高效的基层水利服务体系以及科学合理的水价形成机制。

1.3.1 建立完善的水资源管理体制机制

深入推进水资源管理体制机制改革，理顺涉水事务管理体制，明显提升水务社会管理和公共服务能力；实施湘江流域管理，使流域水资源环境承载能力与经济社会发展相协调、相适应；建立完善的水功能区管理协调机制，水资源保护的管理和协调能力明显增强。

1.3.2 建立稳定多元和持续增长的水利投入机制

加强水利投融资体制改革，政府水利投入总量和增幅明显提高，水利融资能力明显增强，社会资金参与水利建设的力度明显加大，农民群众兴修水利的积极性明显提升，形成全社会协同治水兴水合力。

1.3.3 建立科学有效的水利工程建设和管理体制

深入推进水利工程建设和管理体制改革，创新建设管理模式，规范水利建设市场；深化国有水利工程管理体制改革，推进农村小型水利工程产权制度和运行管理体制改革，逐步建立制度完善、监管有效、市场规范的水利工程建设管理体制和权责明确、管理科学、保障有力的水利工程运行管理体制。

1.3.4 建立服务高效的基层水利服务体系

强化以乡镇水利站和农民用水户协会为重点的基层水利服

务体系改革,建立职能明确、布局合理、队伍精干、服务到位的基层水利服务体系。

1.3.5 建立科学合理的水价形成机制

稳步推进城市供水、农业供水和农村集中供水水价改革,充分发挥水价在调整水供求关系、促进节约用水和水资源保护的经济杠杆作用。

2 水资源管理体制机制改革

2.1 水资源管理体制机制改革目标

根据实施最严格的水资源管理制度要求,在落实用水总量控制、用水效率控制、水功能区限制纳污控制、水资源管理责任和考核等制度的基础上,突出理顺涉水事务管理体制,建立适应水循环自然特点,覆盖水源、供水、用水、排水、污水处理回用各管理环节的城乡水务一体化管理模式;推进流域管理,构建和完善以流域为单元、以水资源管理为核心的湘江流域管理体制机制;从水功能区管理入手,强化部门合作,建立和完善水功能区管理协调机制,强化水资源保护。

2.2 水资源管理体制机制改革思路

按照建设"两型社会"的要求,遵循"政府主导,部门协作,试点引路、稳步推进"的原则,率先在长株潭深化城乡水务一体化管理体制改革,组建水务局,统一管理涉水事务,并逐步在全省推广长株潭水务管理体制改革模式。

按照"统筹规划、保护优先、合理利用、综合治理、科学发展"的原则,推进实施湘江流域管理,理顺湘江流域管理体制,建立管理机制,完善工作机制,统筹全流域水资源、水环境承载能力,实现湘江流域河流安澜、两岸秀丽、水域生态、经济发展。

按照"水质优先、强化治理、综合协调、水源安全"的原则,以水功能区管理为重点,围绕水功能区划、水功能区管理、饮用水水源保护、水资源监测及信息发布等方面,健全完善水功能区管理协调机制。

2.3 水资源管理体制机制改革主要内容

2.3.1 深入推进城乡水务一体化管理

按照中央关于"强化城乡水资源统一管理,创新区域水公共服务管理模式,推进水务管理一体化"的要求,以长株潭地区为试点,推进实施城乡水务一体化管理,整合相关部门涉水管理职能,对供水、排水、节水、污水处理回用及水资源综合利用、水资源保护和防洪排涝等实行统筹规划、协调实施。

1. 理顺水务管理体制

以城乡水务一体化管理体系建设及明确职能职责为重点,理顺水务管理体制。

(1) 组建城乡水务一体化管理机构。按照"水务一体,城乡统筹"的原则,整合现有涉水行政管理机构,逐步建立健全市、县两级水务管理体系,负责统一管理本辖区内城乡涉水事务。

(2) 整合行政职能。将分散在政府相关部门的涉及防洪、水源、供水、用水、节水、排水、污水处理及回用等行政职能调整归并,探索实行集中管理。将原水利局承担的全部行政管理职能,以及相关涉水职能职责统一划归水务行政管理部门。

(3) 理顺职责关系。水务管理机构要按照城乡基本公共服务均等化要求,加大统筹城市和农村水务发展力度,不断提升城乡水务公共服务能力。各级政府应加强涉水事务的统一管理,避免出现新的职能交叉和权责不清问题,逐步建立现代的水务管理体制。

2. 健全水务良性运行机制

根据"政企分开、政事分开、责权明晰、运转协调"的原则,加强政府对企业、市场、价格、服务的监管,提升水务管理机构的行政管理和服务能力,稳步推进水务市场化,构建水务企业良性运营和发展机制,提高水务企业社会服务能力。

(1) 完善水务管理制度标准体系。按照水务一体化管理的要求,充分发挥体制优势,积极完善水务法规体系、规划体系、技术标准和定额体系,健全水务运行管理制度,切实完善水务管理机构的管理手段,确保管理职责的有效履行。

(2)优化水务发展环境。各级政府加强对水务工作的领导,及时出台水务管理的政策措施。政府各相关部门要按照各自的职能职责,积极支持水务管理工作,水务项目立项、资金安排等按原渠道不变,优先安排。

(3)建立水务企业市场化和产业化运行机制。实行水务特许经营制度,对于城市供水等经营项目,利用特许经营等方式,吸引社会资本参与开发;支持水务企业改革,建立现代企业制度,鼓励供水、排水和污水处理等企业整合,组建水务集团;建立合理的供水水价形成机制、水价和污水处理费调整机制;建立多元化、多渠道、多层次的水务投融资平台,促进水务企业良性运营和发展,全面提升企业服务社会和公众的能力。

3. 稳步推进水务管理体制改革

(1)加强政策指导。省政府出台水务体制改革政策性意见,指导全省水务管理体制改革。

(2)积极开展试点。长株潭地区各市、县(市、区)要按照"两型"社会建设的要求,深化水务体制改革,率先成立水务局,实现水务一体化管理。加大统筹城市和农村水务发展力度,创新区域水公共服务管理模式。已挂牌组建的市、县水务局,进一步理顺机构,将职能调整整合,全面实现市、县涉水事务一体化管理,为全省水务管理体制改革积累经验。

(3)全省稳步推进。各市州要按照水务改革的要求,尽快开展试点工作。按照长株潭水务改革的经验逐步在全省市、县两级建立城乡水务一体化管理体系。

2.3.2 推进湘江流域管理

湘江流域在我省经济社会发展中具有极其重要的战略地位。通过出台《湖南省湘江管理条例》,推进湘江流域管理,以流域为单元,对水资源、水生态、防洪及河道水域等进行统一管理,统筹协调流域水资源承载能力与经济社会发展的关系，使湘江流域水资源和水环境与流域经济社会发展相协调、相适应。

1. 编制湘江流域管理规划

按照"创新模式、明确目标、确定重点，强化措施"的原则，根据湘江流域现实情况，参考国内外流域管理的成功经验，科学编制湘江流域管理规划，作为流域管理的依据。

（1）确定流域管理目标和重点。根据转变经济发展方式和湖南"四化两型"建设对水资源管理和水生态环境保护的要求，分析流域水资源、水生态环境保护等管理中的体制机制障碍，科学确定流域管理的目标和重点任务。加强水资源监测网络和信息化建设，研究提出湘江流域水利现代化的路径和具体措施。

（2）确定流域管理模式和措施。遵循水资源自然特性，确定政府领导、部门及区域协作和公众参与的湘江流域综合管理模式。以基础研究和技术分析成果为支撑，确定管理的控制性指标，建立相关管理制度，提出具体管理措施。

（3）加强规划编制的协调和衔接。编制湘江流域管理规划要注重社会参与。规划要与国土、城建、交通、水利、环保等相关规划相衔接。

2. 理顺湘江流域管理体制

按照"政府领导、部门协作"和"流域管理更加宏观综合，区域管理更加微观具体"的原则完善湘江流域管理体制明确流域管理协调机构的职责。

（1）建立流域管理协调机制。成立湘江流域管理协调委员会，发改、经信、财政、国土、环保、住建、交通、水利、农业、林业、物价、旅游等相关职能部门及流域内各市人民政府为委员会的成员单位，强化流域管理的部门协调和行政区域协调。流域管理协调委员会的日常工作由省水利厅承担。

（2）明确流域管理协调机构职责。待《湖南省湘江管理条例》出台后，按其规定承担相应职责。

（3）明确流域管理与区域管理的关系。合理划分流域管理和区域管理的事权，明确各自职责。流域管理事务性工作原则上由流域管理协调委员会统一负责，区域性的工作在区域规划服从流域规划的前提下由区域管理。

3. 建立湘江流域管理机制

以落实和完成水资源、水环境、生态、河流岸线管理和防洪管理等重点任务为目标，建立和完善相关制度。

（1）流域管理的重点任务。省直各职能部门及流域内各级地方人民政府，在省政府和流域管理委员会的领导和协调下，重点完成以下管理任务：

流域水资源配置。通过用水总量控制和流域水量统一调度，保证流域内各行政区域取用水量不超过控制指标，并满足断面最小流量要求，保障上下游合理用水需求；

流域水功能区管理和水生态保护。监督各行政区域入河污染物排放，确保入河排污不超过纳污能力或限排指标，提高水功能区和饮用水水源地水质达标率；

流域河流岸线利用与保护。合理规划岸线利用，统筹规划全流域沿岸的城市发展、产业布局、生态景观，规范涉河工程建设，强化河道采砂管理，合理利用和保护河流岸线和水域；

流域防洪保安。科学规划流域防洪体系，健全流域防洪工作机制，强化流域洪水调度管理。

流域航运发展。鼓励、引导各类资金投资湘江流域水运基础设施建设和养护维护，构建湘江流域现代综合运输体系。

（2）流域管理机制。根据流域管理的重点任务，建立以下方面机制和制度：

水资源管理"三条红线"控制制度。实行流域用水总量统一控制，建立流域各行政区域及行业取用水总量控制指标，严格取水许可和水资源论证；实行流域纳污总量控制，从严核定各水功能区纳污容量及限排总量，严格控制入河污染物排放；实行用水效率控制,根据用水效率控制指标,实行用水定额和计划管理。

流域防洪与水资源统一调度机制。湘江流域内大型水库等对湘江流域防洪和水资源配置影响较大的水工程,按照防洪调度和水资源调度方案实施统一调度。

流域生态补偿机制。建立生态补偿机制,设立生态补偿基金,重点支持湘江上游水资源保护区生态建设和保护。

河道采砂管理机制。实行政府主导,水利主管,交通、国土等有关部门配合的河道采砂管理机制,加强管理,切实维护河道防洪安全、供水安全、航运安全和生态安全。

占用水域审批及补偿机制。加强水域保护,严格和规范占用水域行为,严禁违法占用河道、湖泊、水库、山塘等水域,出台《建设项目占用水域管理办法》。

水行政执法机制。健全各级水行政执法机构,加强队伍和执法装备建设,推进实施水利综合执法,保障法律法规的贯彻落实。

4. 完善湘江流域工作机制

湘江流域管理实行"统一领导、分工负责、协调配合、公众参与"的工作机制。

(1) 建立流域管理协调机制。流域内涉及水资源开发、利用、配置、节约、保护的重大事务,交由流域管理协调委员会讨论决定,充分听取和考虑有关各方的意见和建议,以实现水资源管理的科学决策、民主决策。流域管理协调委员会中双方或多方间通过定期或不定期召开工作联席会议,交流信息、通报情况,协调解决问题。

(2) 建立联合监督检查机制。流域管理协调委员会可以根据湘江流域管理工作的实际需要,组织省直有关部门或者市、县人民政府联合开展监督检查。联合监督检查中发现的违法行为,应当责令有关地区或部门依法处理,并负责监督落实。

(3) 建立流域管理重大行政事项听证机制。对涉及流域重大事项,按程序召开听证会,充分听取相关方代表的意见和要求,以保证决策的合法与合理,保障当事人及社会公众的合法权益。

2.3.3 建立水功能区管理协调机制

1. 建立水功能区划机制

水功能区是指为满足水资源合理开发、利用、节约和保护的需求,根据水资源的自然条件和开发利用现状,按照流域综合规划、水资源保护和经济社会发展对水资源的要求,依其主要使用功能划定范围并执行相应水环境质量标准的水域。

(1) 水功能区分级划分及调整机制。流域面积 3 000 平方公里以上河流,重要的一级支流及跨市河流由省水利厅会同环保等相关部门进行划分,由省人民政府批准实施。其他河流由市级水利部门会同环保等相关部门进行划分,由市级人民政府批准实施。水功能区经批准后不得擅自变更。

经批准的水功能区应根据社会经济条件和水资源开发利用条件变化适时进行调整,原则上每 5 年调整一次。对水功能区调整时,按照分级管理权限由水利部门组织进行科学论证,提出水功能区划调整方案,报原批准机关审查批准。

(2) 经批准的水功能区划作为水资源开发、利用和保护的依据,经济社会发展、产业结构布局、水污染防治、城市建设中相关涉水行为都要与水功能区划相协调,满足水功能区划要求。

(3) 建立水功能区划社会公示机制。经批准的水功能区划应向社会公告,各级水利部门按照水功能区管辖权限在水功能区边界进行立碑,设立明显标志。

2. 建立水功能区监督管理机制

(1) 建立水功能区纳污总量控制制度。各级水利部门按照水功能区管理权限,根据批准的最小流量及水功能区水质要求,严格核定水功能区的水域纳污能力,提出限制排污总量意见,作为各级政府及相关部门开展水资源管理和水污染防治的基本依据。

(2) 建立健全水功能区监测机制。水利部门要建立健全水功能区监测站网,对水功能区水质、水量实行同步监测,发现重点污染物排放总量超过控制指标的，或者水功能区水质未达到要求的，应当及时报告有关人民政府采取措施，并向环保部门通报。根据监测结果定期对水功能区水资源开发利用状况、水资源保护情况进行考核，并公布结果。

（3）严格入河排污口设置审批制度。在江河湖库新、改、扩建入河排污口由水利部门负责审核同意后方可设置。各级水利部门应为将有关入河排污口设置的审批意见及时抄送环保部门，作为环保部门审批环境影响报告书的重要依据。入河排污口设置单位应向水利部门登记。入河排污总量超过水功能区限制排污总量的，水部门不得批准新、改、扩建入河排污口。

3. 建立饮用水水源保护机制

（1）建立饮用水水源保护区保护机制。各级人民政府应当按照《水法》和《水污染防治法》的有关规定划定、核准、公布饮用水水源地，加强水源地建设和管理。

（2）开展饮用水水源地达标建设。省水利厅组织有关部门编制国家级水源地达标建设方案，报水利部批准后由地方政府实施；市级水利部门组织有关部门编制辖区内省级水源地达标建设方案，报省水利厅批准后由地方政府实施。

（3）建立饮用水水源地风险防范机制。水利部门要加强水源地水量、水质的监督管理，实施对水资源的统一调度，有效监管地表水和地下水饮用水源。各有关部门要严格服从水利部门对水资源的统一调度，保障河流最小流量和水功能区水质目标，确保水源地水量、水质安全。

4. 建立水资源安全协作机制

（1）建立部门联席会议制度。加强对水资源保护和水污染防治相关规划、水功能区监督管理、水环境保护和水生态修复、水污染事件处理等的协作，定期召开水利部门与环保部门联席会议，共同研究处理相关问题。

（2）建立枯水期水资源调度会商机制。枯水期由水利部门按照水资源安全要求组织相关部门对用水、排水和水源的统一调度进行会商。

（3）建立水资源保护公众参与机制。加强水资源宣传，提高公众节约水资源、保护水资源的意识；向社会通报水资源保护信息，接受公众监督；鼓励公众参与水资源保护行动。

3 水利投融资体制改革

3.1 水利投融资体制改革目标

通过水利投融资体制改革，发挥公共财政对水利发展的保障作用，充分调动社会力量投入水利的积极性，多渠道筹集资金，力争今后10年全社会水利年平均投入比2010年高出一倍，改变目前水利投入不足、水利设施薄弱的局面。

3.2 水利投融资体制改革思路

坚持"政府主导、市场补充、群众参与"的原则，拓宽水利投融资渠道。以公共财政投入为主体，大幅度增加公共财政对水利的投入；以构建水利融资平台为纽带，引导金融机构增加水利信贷资金；以有效的政策扶持为依托，调动和发挥社会投资水利的积极性；以激励机制为动力，引导农民群众积极筹资筹劳兴修水利。建立多渠道、多层次的水利投融资格局，形成有利于水利可持续发展的稳定投入机制。

3.3 水利投融资体制改革主要内容

3.3.1 建立公共财政投入稳定增长机制

发挥政府在水利建设中的主导作用，将水利作为公共财政投入的重点领域。

1. 保持公共财政对水利投入的持续稳定增加

自2011年开始，以年度财政经常性收入增长数据为依据，各级财政每年预算安排水利建设投入的增幅与同期财政经常性收入的增幅同步。各级财政设立农田水利专项资金，并逐年增加投入规模。健全资金监管机制，确保专项资金专用于农田水利设施建设。

2. 土地出让收益中足额计提农田水利建设资金

各级财政从当年土地出让收益中提取10%专项用于农田水利建设。

(1) 按季度计提。各级财政每年的4月、7月、10月的10日以及决算清理期结束之前,分季度按规定计提农田水利建设资金,第4季度计提的农田水利建设资金与年终清算合并进行。

(2) 强化省内统筹。市、县计征的农田水利建设资金,省级统筹20%,以化解土地出让收益和农田水利建设资金需求不匹配的区域性矛盾。重点支持粮食主产区、享受国家西部政策的县(市、区)以及贫困地区农田水利建设。

(3) 实行专款专用。农田水利建设资金以旱涝保收高标准农田建设和高效节水灌溉、小型农田水利重点县建设为重点。专项用于大中型灌区节水配套改造;小型农田水利设施、田间工程和灌区末级渠系的新建、修复、续建、配套、改造;山丘区小水窖、小水池、小塘坝、小泵站、小水渠等建设;发展节水灌溉,推广渠道防渗、管道输水、喷灌滴灌等技术,以及上述农田水利设施的日常维护支出。

3. 调整和完善水利建设基金筹集政策

尽快出台《湖南省水利建设基金筹措和使用管理办法》,加大征收力度,规范基金管理。

(1) 拓宽来源渠道。水利建设基金征收范围及对象包括:①取得新增建设用地的单位和个人,②地方收取的政府性基金和行政事业性收费,③河道采砂权出让价款,④省级财政从中央对地方成品油价格和税费改革转移支付的资金,⑤本省境内从事生产、经营的单位和个人的生产经营收入,⑥取得政府出让矿产资源探矿权、采矿权的单位和个人,⑦有重点防洪任务和水资源严重短缺的城市征收的城市维护建设税。

(2) 确保足额征收。各级财政、水利部门成立并完善水利建设基金筹集协调机构,配备专职人员,加强对水利建设基金的筹集管理。任何部门和单位不得多征、减征、缓征、停征,或者侵占、截留、挪用水利建设基金。

(3) 严格使用管理。水利建设基金收支纳入政府性基金预算,专款专用,基金使用结构为:50%用于水利工程建设;30%用于水利工程维修养护;20%用于应急度汛及教育科技。在水利建设基金中,可以安排水利建设项目的前期工作经费。各级财政、发展改革、审计部门要加强对水利建设基金筹集、拨付和使用的监督管理。

4. 充实、完善水利规费征收政策

根据经济社会发展状况和水利工作需要,适时调整各项水利规费征收范围和标准。

(1) 强化水资源费征收力度。2011年完成水资源费征收标准调整工作,加大征收力度,确保足额征收。各级水利部门应严格按照省财政厅《关于水资源费使用管理办法》,将水资源费专项用于水资源的节约、保护和管理。

(2) 依法征收水土保持补偿费。根据新修订的《中华人民共和国水土保持法》,制定湖南省实施办法,完善水土保持补偿费的征收标准,强化征管措施,并严格执行。

(3) 提高河道采砂管理费征收标准。以征收促管理,控制河道砂石采挖行为,保护河道安全。

(4) 强化河道工程修建维护管理费征收。加强征收环节管理,提高征收效率,为河道工程修建维护提供资金保证。

3.3.2 建立水利建设融资机制

建设水利融资平台公司,通过直接、间接融资方式,拓宽水利投融资渠道,吸引社会资金参与水利建设。

1. 搭建水利融资平台

根据实际需要,在符合国家政策的前提下,设立省级水利融资平台公司,为全省水利建设筹集建设资金。并鼓励水利建设任务重的地方政府成立水利融资平台公司,明确水利部门作为水利融资平台公司出资人代表。利用水利融资平台公司筹集水利建设资金,作为政府对水利建设投入的补充。

2. 扶持水利融资平台公司发展壮大

通过现金、资产、股权划转以及符合国家规定的水利资金注资水利融资平台公司,增强公司资本实力。鼓励公司通过收购、兼并、产权置换等方式盘活、重组水利资产。明确水利融资平台公司为水利建设专业融资平台,对接中长期政策贷款业务,作为重点水利建设项目的融资主体,并履行融资建设水利工程的项目法人职责。扶持条件成熟的公司上市融资或发行大型水利基础设施建设债券。

3. 利用优惠政策扩大融资规模

充分运用财政贴息、中长期政策性贷款、收益权质押贷款、设备设施融资租赁等优惠政策,大幅度增加水利建设信贷资金。

(1) 构建政银合作协调机制。加强与金融机构的合作,以水利融资平台公司为承贷主体,研究提出水利项目贷款规模、贷款方式、还款来源、资金投向等方案和财政贴息办法。对已纳入规划的公益性和准公益性水利项目,由水利融资平台公司先行贷款建设,各金融机构放宽贷款条件,提供优惠利率。公益性项目融资由财政安排部分贴息资金,鼓励金融机构增加信贷资金。

(2) 积极开展水利项目收益权质押贷款等多种形式融资。对于具有未来收益的经营性项目,以项目未来的收益或收费作为担保进行融资。探索发展大型水利设备设施的融资租赁业务。

(3) 落实税收优惠政策。对农田水利设施建设用地免征耕地占用税。对装机容量为5万千瓦以下(含5万千瓦)的小型水力发电单位,属于增值税一般纳税人的按6%计算缴纳增值税。

4. 广泛吸引社会资金参与水利建设

鼓励自然人、法人和其他经济组织等各种社会资本以股份制、独资、合作、联营等多种方式,参与经营性水利项目或准公益性水利项目经营性部分的投资经营及管理。

3.3.3 建立农民兴修水利激励机制

坚持"政府支持、民办公助"的原则,通过政策引导,激发广大农民兴修农田水利的积极性。

1. 积极引导农民群众筹资筹劳

设立小型农田水利设施建设补助专项资金,重点支持用于农业生产的山塘水坝等小型水源工程、小型河道治理工程、小型泵站、渠道及配套建筑物等小型水利设施建设。对村组集体、农民个人以及农民用水户协会等自愿开展小型农田水利工程建设的项目给予补助,实行"民办公助"。引导农民筹资筹劳,并采取各种措施,保障补助专项资金与农民筹集的资金和劳务紧密结合使用,真正落实到项目,让农民直接受益。对村民民主决策提出的、纳入规划的小型农田水利项目,可由村民筹资筹劳先期建设,实行先建后补、以奖代补。

2. "一事一议"财政奖补资金重点投向水利建设

各级政府要按政策落实"一事一议"财政奖补资金,在坚持自愿的基础上,积极引导农民修建村内小型水利设施。按照多筹多补、多干多补的原则,加大一事一议财政奖补力度,财政奖补标准为:国家和省级扶贫开发重点县按村或建设项目大小给予5万元至10万元的补助;其他县、市区按农民"一事一议"筹资总额1:3的比例给予奖补;对覆盖面广、受益面大、投入相对较多的议事项目,由县市区提出申请,经省综改办审查批准后,可适当提高奖补比例。

3. 维护农民筹资筹劳建设水利工程的受益权

按照谁投资、谁受益、谁所有、谁养护的原则,对村组集体、农民个人以及农民用水户协会等筹资筹劳为主建设的小型农田水利设施,产权归筹资筹劳主体所有。以承包、租赁等方式进行流转的小型农田水利设施由经营者负责维护管理,并保障其灌溉功能和防洪安全。村、组通过小型农田水利设施承包、租赁等方式获取的收入,应专项用于农村小型农田水利工程设施管理和维护以及农民用水户协会的经费开支,切实维护农民筹资筹劳的合法权益。

4 水利工程建设和管理体制改革

4.1 水利工程建设和管理体制改革目标

根据我省省情、水情和社会经济发展要求,建立制度完善、监管有效、市场规范的水利工程建设管理体制和权责明确、管理科学、保障有力的水利工程运行管理体制。

4.2 水利工程建设和管理体制改革思路

在水利建设管理方面,健全水利工程分级建设负责制,完善项目法人责任制,创新建设管理模式。对新建大中型水利工程,试行工程总承包和代建等新的建设管理模式,促进水利建设管理的专业化、社会化;对中小型水利工程建设,以县级区域为单元组建一个项目法人进行集中管理,实现建设主体和监督主体的分离,推进水利建设管理的专业化和规范化;对小型农田水利等公益性水利工程,积极推广农民直接参与的建设管理新模式,发挥农民的主体作用,确保工程建得成、用得起、长受益。

在水利建设市场管理方面,加快建立水利建设市场主体守信激励和失信惩戒机制,实行政府投资水利工程建设预选承包商制度,建立水利建设市场主体信用档案,健全水利建设市场准入和退出机制,加强招投标管理,创新监督检查机制,重点治理水利建设市场主体资质挂靠、围标串标、非法分包、违法转包和不依法履约等问题,规范水利建设市场秩序,确保水利工程建设的质量与安全。

在水利工程管理方面,严格贯彻落实国家有关水利工程管理体制改革的政策,深化国有水利工程管理体制改革,巩固改革成果,加快内部改革,落实"两费"和社会保障政策;深化农村小型水利工程产权制度和运行管理体制改革,出台公益性小型水利工程管护经费补助政策,明晰产权主体、明确管护责任、落实管护经费,建立水利工程良性运行和水利工程与设施有效保护机制。

4.3 水利工程建设和管理体制改革主要内容

4.3.1 水利工程建设管理体制改革主要任务

1. 大中型水利工程试行工程总承包和代建等建设管理模式

新建大中型水利工程在全面实行项目法人负责制的同时,积极探索工程总承包、代建制、BT(建设—转让)、BOT(建设—经营—转让)等新的建设管理模式。重点试行工程总承包或代建制,深化水利工程建设项目组织实施方式改革,促进新建大中型水利工程建设和投资管理的专业化、社会化管理,提高水利工程建设管理水平,健全水利工程建设的监督制约机制。

大中型水利工程(包括水库、水闸、灌区、堤防等)的加固改造、续建配套,原则上以原管理单位为基础组建项目法人,全面落实和完善项目法人负责制、招标投标制、建设监理制、合同管理制。

2. 中小型水利项目建设实行集中管理

(1) 同一县域内的中小型病险水库(水闸)除险加固、农村饮水安全、灌区续建配套与节水改造、泵站改造、中小河流治理、水土保持等中小型水利工程建设,以县级区域为单元组建水利建设项目管理中心(以下简称建管中心)作为项目法人,实行工程项目集中管理。

(2) 建管中心必须符合国家大中型水利工程项目法人组建的有关规定。建管中心的组建方案由县级水利部门提出,报市级水利部门审查同意后,由县级人民政府批准并任命项目法人代表和技术负责人,并报省水利厅备案。

(3) 县级人民政府应明确建管中心承担本地区各类公益性和准公益性中小型水利工程建设项目管理的职责,人员编制从水利部门内部调剂解决。

(4) 建管中心是本地区中小型水利工程项目建设的责任主体,行使工程建设期项目法人职责,对项目建设的质量、安全、进度和资金管理负总责。县级水利部门是建管中心的主管部门,对工程建设进行监督检查和验收，对建管中心的工作进行监督和考核。水利部门的主要负责人不得在建管中心兼职，以确保政事分开和建设权与监督权的分离。

（5）建管中心应根据本地区中小型水利工程项目的类别和任务情况，分项目类别和工程设立现场建设管理机构，加强工程建设管理。工程完工并验收合格后，及时将工程移交给工程管理单位或工程管护责任主体。

3. 积极推行小型农田水利建设管理新机制

建立"规划引领、政策引导、村民自建、民主管理、政府验收"的建设管理新机制，引导群众筹资投劳参与小型农田水利工程的建设、管理和监督，充分发挥受益农户在小型农田水利建设和管理中的主体作用，实现建设责任主体从政府到受益农户的转换。

（1）统一编制规划，加强组织指导。县级水利部门应当征求县发改、农业、国土、农业开发、移民、扶贫开发等相关部门以及乡镇人民政府、村民委员会、村民小组和农民群众的意见，科学合理编制小型农田水利建设规划。乡镇人民政府及乡镇水利站应当根据有关规定和县有关部门的委托，按照规划确定的项目，组织、指导农民用水户协会或村级集体经济组织开展小型农田水利设施建设。

（2）自主组织建设，实行民主管理。小型农田水利设施建设，按照村民自建、民主管理的建设管理模式，原则上由农民用水户协会或村集体经济组织组织受益农户自主建设。县级水利部门和乡镇人民政府指导受益村民，按照自愿、依法的原则组建农民用水户协会，作为本村小型农田水利建设责任主体，与县有关部门和乡镇人民政府签订小型农田水利建设目标责任书，自主确定工程建设施工方式或直接组织村民自建。农民用水户协会民主推选若干代表组成理事会负责工程建设的具体事务，推选若干代表组成监事会监督理事会的工作。

（3）建立监管制度，强化政府监管。县人民政府应制定小型农田水利建设管理办法。县水利、农业、国土资源、农业开发、移民、扶贫开发和发改、财政、监察等部门共同建立监管机制，加强对小型农田水利建设的监督管理。小型农田水利工程建设项目和资金管理实行公示制、报账制、验收制。工程建设所需的主要材料和设备由县级有关部门集中采购招标，以确保质量，降低价格。县级有关部门和乡镇水利站应当加强对小型农田水利工程建设的技术指导、过程监督和工程验收。

4. 规范水利工程建设市场

（1）推进建设项目信息公开和诚信体系建设。建立全省水利工程建设项目信息公开和水利建设市场主体信用信息管理平台，及时发布水利工程建设项目信息和市场主体信用信息，建立守信激励和失信惩戒机制。

（2）健全水利建设市场准入和退出机制。建立全省水利建设市场主体信用档案，对拟参与我省政府投资水利工程建设的勘察、设计、施工、监理、招标代理、质量检测等单位进行定期、集中的综合性审查，将综合实力、诚信意识和社会责任强的单位纳入预选名录，准予其参与省内政府投资水利工程建设的投标。对纳入预选名录的承包商加强监督检查和考核，实行动态管理，将有严重不良行为的单位暂停或取消其在一定时间内参与省内政府投资水利工程建设的投标资格，健全水利工程建设市场准入和清退机制，规范水利建设市场秩序。

（3）完善和加强招投标管理。严格按照国家规定落实招标事项核准和备案制度，邀请招标、自行招标和不招标的项目必须严格按规定履行批准程序。进一步完善设计、施工、监理招标的评标标准和评标方法。积极稳妥推进水利工程建设项目按属地管理原则进入有形建设市场交易。实行开标会投标人法人代表或项目经理到场并签署诚信承诺书制度。开发建设水利工程电子招标平台，实现招标、投标、开标及评标等全过程电子化。

（4）健全监督检查机制。完善县级水利部门日常检查、市

(州)水利部门定期与不定期巡查、省水利厅督查与稽察以及发改、财政、监察、审计、物价等部门联动监管机制,形成各司其责、监管有力的监管体系,强化对项目法人、参建单位和水利工程建设项目的监管,确保水利工程建设有序进行,确保工程建设质量和投资效益发挥。

4.3.2　水利工程运行管理体制改革主要内容

进一步贯彻落实有关水利工程管理体制改革的政策,巩固大中型水利工程管理体制改革成果,加大财政投入,落实两费和社会保障政策,加快内部改革,推行水利工程管养分离,促进水利工程维修养护的市场化、集约化、专业化和社会化,逐步实现水利工程管理的现代化。健全对大中型水利工程管理单位评价体系,完善考核制度。深化小型水利工程管理体制改革,积极推行农民用水户协会参与管理,逐步健全水管单位专业化服务与用水户自主管理相结合的管理模式。通过明晰工程产权、明确责任主体,落实管护经费,健全保护机制,确保水利工程的良性运行。

1. 明晰工程产权

按照谁投资、谁所有、谁受益的原则,完善农村水利工程产权制度改革办法和配套制度,通过承包、租赁、拍卖、股份合作等方式,搞活经营权,转让使用权,拍卖所有权,盘活存量水利资产,实现农村水利工程良性运行和滚动发展。在符合规划、履行审批程序的前提下,鼓励群众独资、合资兴办小型水利工程,使农民真正成为小型农田水利工程建设、管理和受益的主体。

(1) 农户自建或自用为主的小微型农村水利工程,实行自建、自有、自用、自管,其产权归个人所有。由国家补助资金所形成的资产明确划归农民个人所有。

(2) 受益农户较多的非经营性工程,组建农民用水户协会,协商解决出工、出资及水费计收、用水管理等事务;由国家补助资金所形成的资产明确划归用水合作组织所有。

(3) 经营性小型农村水利工程,可以实行企业化运作,也可拍卖给个人经营。如国家对工程建设予以补助的,补助资金所形成的资产由乡镇水利站参与经营管理。

(4) 社会各界资助捐赠所形成的工程资产,按照资助捐赠者的意愿进行产权划分。对不能确定资助捐赠者意愿的资产,原则上将产权划归工程现有经营管理者。

2. 明确管理主体

(1) 大型水利工程。现由省水利厅负责管理的大型水利工程管理主体维持不变;跨市(州)的大型水利工程原则上由省水利厅负责管理,也可下放给有关市(州)或县(市、区)管理;不跨市(州)的大型水利工程原则上由所在市州负责管理,也可由市(州)下放给有关县(市、区)管理。

(2) 中型水利工程。跨市(州)的中型水利工程,由该工程枢纽所在地的市(州)水利部门或县(市、区)政府负责管理;跨县(市、区)的中型水利工程,由市(州)水利部门负责管理,也可由市(州)下放给有关县(市、区)管理。不跨县(市、区)的中型水利工程,原则上由县(市、区)水利部门负责管理。

(3) 堤防工程。县级水利部门负责本行政区域内堤防工程的统一管理和监督。堤防管理机构或乡镇水利站负责堤防工程的具体管理与维护。

(4) 小型水库。跨乡镇和影响城镇、交通干线、军事设施、工矿、学校、人口集中区安全的重点小型水库,由县级水利部门或由其下放主要受益区的乡、镇政府负责管理。其它小型水库由乡镇水利站、农民用水户协会或村集体经济组织负责管理,也可由大中型水利工程管理单位代管。建立小型水库管护员制度,逐座水库落实管护员和管护责任。

(5) 其他小型农田水利设施。跨村的小型农田水利设施,由乡镇水利站负责组织维护管理;不跨村的小型农田水利设施,由农民用水户协会或村集体经济组织负责管理;以承包、租赁等方式进行流转的,由经营者负责管理,经营者必须确保其灌溉功能和防洪安全。

（6）各级水利部门会同有关部门按照分级管理原则，分类确定水利工程性质，公布公益性、准公益性工程名录和水利工程管理单位名单，建立并落实水利工程运行管理责任制。

（7）水库、水闸、堤防等水利工程的防洪和运行安全实行行政首长负责制，逐项工程明确政府、主管部门、管理单位防汛和运行安全责任人及其责任，并通过公共媒体向社会公告，实行责任追究制度。

3. 落实管护经费

（1）巩固国有（大中型）水利工程管理体制改革成果。各地机构编制部门要按照省编办、省财政厅、省水利厅《关于印发湖南省公益类和准公益类水利工程管理单位定编标准（试行）的通知》（湘编办〔2006〕39号）的规定，核定管理单位的人员编制。并按照财政部和水利部颁发的《水利工程管理单位定岗标准》和《水利工程维修养护定额标准》核定"两费"（人员基本支出和维修养护经费）。各级政府要将本级财政承担的公益性、准公益性水管单位（包括新建水管单位）"两费"支出纳入本级财政预算，足额安排资金。

（2）落实公益性小型水利工程管理和维护经费补助政策。对于承担防洪、排涝等公益性任务的小型水利工程和农业灌排工程，各级政府在财政性资金中设立公益性小型水利工程管理和维护专项补助资金。省里出台公益性小型水利工程管理和维护经费补助政策，明确筹资方式、补助标准和管理体制。其中每座小型水库按照不少于一名管护员的标准落实管护员补助，小型水库管护员补助纳入地方财政预算，省级财政予以补助。小型水库管护员的聘任，应坚持"以钱养事"的原则，签订管护责任时间内的责任书，不签聘用合同。

4. 健全保护机制

全面完成水利工程确权划界工作。按照《湖南省实施〈中华人民共和国水法〉办法》等法律法规的规定,各级水利部门会同国土等部门,依法划定各类水利工程的管理和保护范围,报请同级人民政府批准,明确管理和保护权限,设立保护标志,有效保护水利工程。

强化水利工程设施保护。省人民政府出台《开发建设项目占用水利设施管理办法》,将开发建设项目占用水利设施审批作为开发建设项目审批的前置条件,明确占用水利设施补偿标准,建立水利工程占用审批及补偿机制。确需占用水利设施的开发建设项目,建设单位应按照有偿使用和等效替代的原则,兴建等效替代工程,或按标准缴纳占用水利设施的补偿费用,由水行政主管部门代为建设替代工程。

5. 推进水利工程规范化管理

完善规章制度和操作规程,健全评价体系和考核制度,加强对水利工程管理的考核。加强水利工程管理设施建设,着力提升工程运行管理手段,提高工程管理效率。加快水利科技成果推广转化,用现代技术改造和武装传统水利,加快远程实时监控、自动测报等水利工程管理现代化建设。建立全省水库大坝安全监测与运行管理系统,强化水库科学调度,提升水利应急管理能力。积极推进水利工程管理智能化、信息化,以规范化、信息化促进水利工程管理的现代化。

5 基层水利服务体系改革

5.1 基层水利服务体系改革目标

健全和完善基层水利服务机构,强化职责职能,理顺管理体制,落实人员、编制和经费,建立职能明确、布局合理、队伍精干、服务到位的基层水利服务体系,全面提高基层水利服务水平,为全面加强农田水利建设、促进农业增产、农民增收和社会主义新农村建设发挥积极作用。

5.2 基层水利服务体系改革思路

基层水利服务体系是为乡村农田水利建设、防汛抗旱、农村供水、水利管理、水利科技推广等工作提供全面服务的机构和组织的总称,主要包括乡镇水利站和农民用水户协会以及防汛专业抢险队、抗旱服务队、水利科技推广服务、水文站(点)等机构。乡镇水利站具有《湖南省小型农田水利条例》规定的"组织、指导、协调本辖区内小型农田水利设施建设和维护管理"的法定职责;农民用水户协会是农民自主兴办和管理小型农田水利工程设施的社会团体。本次改革是在深化农村综合改革和基层农业技术推广体系建设改革的基础上,重点突出乡镇水利站和农民用水户协会建设。

5.3 基层水利服务体系改革主要内容

5.3.1 加强乡镇水利站建设

1. 健全机构,理顺管理体制

(1)健全服务机构。各地应根据乡镇区域面积、耕地面积、人口数量和水利工程数量等实际情况,以乡镇为单元,在乡镇公益性事业站所限额内,单独或者综合设置乡镇水利站,建立覆盖全省每个乡镇的基层水利服务机构。综合设置的应加挂乡镇水利站牌子。乡镇人民政府防汛抗旱具体工作由乡镇水利站承担。洞庭湖区堤垸管理单位受县级水利部门委托对其辖区内乡镇水利站业务进行指导。一垸一乡(镇)的可以将堤垸管理单位和乡镇水利站合并设置。

(2)理顺管理体制。要进一步理顺县级各职能部门和乡镇水利站管理中的职责分工,形成科学的管理机制。县级机构编制部门要切实做好乡镇水利站人员编制的核定工作;新进人员招录由县级水利部门、人力资源和社会保障部门在编制限额内按政策规定和工作程序在水利大专院校相关专业毕业生中公开招考、择优录用;现有乡镇水利站人员必须经县级水利部门会同人力资源和社会保障部门考试考核、竞争上岗;县级水利部门可以根据工作需要,在县域内调动乡镇水利人员,负责乡镇水利站的人员经费和资产管理。在征得县级水利部门同意后,乡镇水利站的负责人由乡镇任命;乡镇水利站人员的考核工作,由乡镇人民政府牵头组织;乡镇水利人员的党群团关系由乡镇管理。乡镇水利站必须完成县级水利部门交办的工作任务,也要完成乡镇交办的工作任务。

2. 科学定编,强化服务职责

(1) 合理定编定岗。乡镇水利站是县级水利部门在乡镇水利建设和管理的执行机构,具有组织、指导、协调小型农田水利设施建设和管理等农村水利公共事务管理职能,机构定性为公益性事业单位。按照精简、效能的原则和承担公益性职能的工作量,综合考虑乡镇灌溉面积、水利工程数量、防汛抗旱排涝任务、山洪灾害防御等因素,科学核定水利站人员编制。根据各地实际,在乡镇事业编制总额内,核定乡镇水利站人员编制(含洞庭湖堤垸管理单位原已并入乡镇水利站的)。专业技术人员比例要逐步达到70%以上,公益性人员实行编制实名制管理。

各地要因地制宜,依据乡镇水利站承担的公益性职能和核定的财政支持的事业编制,可设置专业性或综合性岗位,并明确规定岗位的具体职能职责。

(2) 强化服务职责。乡镇水利站要切实履行农村水利公益性管理服务职能职责,组织和指导辖区内的农田水利建设及维护、防汛抗旱、水利科技推广以及农村水资源管理、河道管理、农村供水、水土保持等工作,具体指导各类企业、个人和农民用水户协会开展农村水利服务,参与协调农村涉水事务、协助水政执法与水法规宣传等工作。

3. 深化改革,加强队伍建设

(1) 建立健全人员聘用制度和教育培训机制。根据按需设岗、竞争上岗、按岗聘用、合同管理的原则,确定具体岗位,明确岗位等级,聘用工作人员,3年一聘。推行公开招聘制度,坚持公开、公平、公正的原则,选拔有真才实学的专业技术人员进入基层水利队伍,实行聘用制管理。乡镇水利站人员的进、管、出要严格按照规定程序和人事管理权限办理,不得调进、任用"自费编制"及其他挂靠收费供养的人员。各级水利部门要制定基层水利人员培训规划,建立培训教育机制,以提升基层水利服务专业技术能力为重点,加强对基层水利人员的知识更新和技术培训。乡镇水利站人员培训费用应列入县级财政预算或者在各级水利基金用于科学技术研究费用中列支。采取优惠措施引进大中专院校毕业生等优秀人才到基层水利服务机构工作。

(2) 精简队伍,妥善安置分流人员。县(市、区)人民政府要坚持以人为本的原则,从实际出发,制定人员分流的具体措施,多方筹措资金,采取多种途径积极稳妥分流人员,切实维护社会稳定。临时聘用人员、借用人员、挂靠人员等予以解除关系或清退,具体办法由县级政府确定。在全面清退非在编人员、重新核定编制的基础上,实行竞聘上岗。未聘人员要合理安置或通过自然减员逐步消化。对分流安置人员所需经费,由县级财政统筹足额解决。对于自愿与单位解除关系的,应按有关规定,要严格程序,完备法律手续。

(3) 健全考评机制。县级水利部门和人力资源和社会保障部门要根据乡镇水利站岗位职责,确定人员的考核内容和方式,建立健全科学的绩效考评机制和指标体系。建立县级水利部门、乡镇政府、服务对象等参与的考核机制,将乡镇水利站人员的工作量和工作的实绩作为主要考核指标,将农民群众的评价作为重要的考核内容。建立人员动态管理机制,根据考核结果,决定聘用人员续聘与否。要按照"效率优先、兼顾公平"的原则,改革分配制度,将乡镇水利站人员的收入与岗位职责、工作业绩挂钩,充分调动乡镇水利站人员的工作积极性和主动性。

4. 维护稳定,完善保障机制

(1) 落实经费保障。按照乡镇水利站公益性服务职能和性质,县级财政将水利站人员工资、补贴和日常办公经费纳入县级财政预算,由财政全额负担。省级财政按农村综合改革的统一政策，对改革后的乡镇水利站人员经费予以补助，重点向少数民族、贫困地区倾斜。

（2）完善社会保障。落实乡镇水利站人员的社会保险。按照属地原则，乡镇水利站编制内人员，参加事业单位养老保险，执行事业单位养老保险制度。分流人员、编外人员按相关政策办理社会保险。各级政府要在改革前组织财政、编制、人力资源和社会保障部门，按相关政策规定切实做好社会保险费的清理工作，采取有效措施，补齐拖欠的养老保险费和医疗保险费。个人缴费部分按照有关规定由个人补缴，其单位承担部分由县级财政部门拨付。县级财政部门要将基层公益性水利管理人员的社会保险等应由单位承担部分列入财政预算。

5.3.2 大力推进农民用水户协会建设

1. 确定组建形式

农民用水户协会是经过民主协商、经大多数用水户同意并组建的不以营利为目的的社会团体。各地要按照"积极稳妥、注重实效、政府指导、农民自愿、自主管理"的原则，大力推行农民用水户协会建设，原则上以"一村一会"的形式组建农民用水户协会，也可结合本地具体情况，采取一库、一塘、一堤、一厂、一站一会及以水系、渠系为单位等形式组建。

2. 明确职责任务

农民用水户协会以服务组织农户为己任，统一管理田间用水，组织用水户建设、改造和管护农田水利设施，合理确定用水调配方案和水价标准、解决农户之间的用水矛盾，及时向用水户收取水费，提高用水效率，确保农田水利设施安全、长效运行。

3. 规范运行管理

组建农民用水户协会，要成立由乡镇水利站、村民委员会和农民代表组成的筹备小组，对农民进行用水知识宣传，明确灌溉边界，划分用水小组，选举用水户代表，推选执行委员会候选人，对辖区内农民情况进行调查和登记,召开用水户代表大会、民主选举执委会成员,制订并经过用水户民主讨论通过章程以及用水管理、工程维护、水费收缴、财务管理等规章制度和办法,明确有关各方权利、责任、义务。农民用水户协会由县级民政部门登记管理。县级民政部门要简化程序、减免费用、主动服务,大力支持农民用水户协会建设。乡镇水利站应对执委会候选人和用水户代表进行培训。

4. 健全监管机制

农民用水户协会要以"民办、民管、民受益"为原则,实行民主管理,建立健全监督机制,原则上要设立监事会。所有涉水事务、财务状况、人员聘用等都要公开透明,接受用水户、村民委员会和乡镇水利站的监督。要定期向会员报告工作,设置公告栏,向用水户公开水费标准、用水量、水费收入与支出等情况。农民用水户协会所属工程由其管理,也可以采取承包等方式交给专业化公司、个人或用水小组管理,逐步推行专业化管理和农民自主管理相结合的建设和管理模式。

5. 建立扶持政策

按规定程序组建的农民用水户协会,经县级水利、财政、民政、农办等部门联合验收合格后,财政将优先支持。对于贫困地区组建的农民用水户协会,由财政按照农民用水户协会所管理的工程大小或灌溉面积适当给予运行管理及工程维护费用的补助。

在农民用水户协会的发展过程中,各级水利部门及乡镇水利站要加强指导、监督、协调、服务,及时帮助解决发展中的困难和问题,提高农民用水户协会的社会地位,推动农民用水户协会的健康有序发展。

6 水价改革

6.1 水价改革目标

充分发挥价格杠杆的调节作用,兼顾效率和公平,建立有利于节约用水和产业结构调整的水价形成机制,促进各行各业节约用水、高效用水、合理用水,推动全省节水型社会建设。

6.2 水价改革思路

根据水的商品属性,在强化用水定额管理的基础上,稳步推进城市水价、农业水价和农村集中供水水价改革。

城市水价改革率先在长株潭三市试点推行,取得经验后,逐步在其他地区推进。工业和服务业用水逐步推行超额累进加价制度,拉开高耗水行业与其他行业的水价差价,促进用水方式转变和产业结构调整。城镇居民生活用水实行阶梯式水价制度,在保障人民群众用水基本权利的基础上,合理调整城市居民生活用水价格。

农业水价按照节约用水、降低农民农业水费支出、保障灌排工程良性运行的原则,实行综合改革,探索实行农民定额内用水享受优惠水价、超定额累进加价的办法。

农村集中供水工程按照"补偿成本、保本微利、合理分摊"的原则,科学核定供水价格,实行运行管理税收和电价优惠政策,保障集中供水工程长效运行。

6.3 水价改革主要内容

6.3.1 严格用水定额管理

将用水定额标准定位为强制性省颁标准,作为各地区及各行业开展用水管理和水价改革的重要依据。省水利厅会同省质监局、省住建厅、省经信委,在充分考虑水资源供求状况、经济发展需求和用水总量控制指标的基础上,定期对《湖南省用水定额》进行修订。用水定额修订要考虑各行各业和城乡居民合理用水需求,具有可行性、现实性和一定的超前性。有关部门应加强用水定额实施的监督。

6.3.2 深化长株潭地区城市水价改革

1. 合理科学确定城市水价

分居民生活用水、非居民生活用水和特种用水三大类推进水价改革:

(1) 非居民用水推行超定额累进加价制度。对工业和服务业用水可先行实行超定额累进加价。定额用量内用水实行基本水价,超定额用水实行累进加价。用水户定额用水量由水利部门依据《湖南省用水定额》核定。

(2) 居民生活用水推行阶梯式计价。按照保障居民基本需求、抑制超量消费、遏制奢侈浪费的原则,实行阶梯式水价。对城市居民生活用水可以采用三级阶梯水价。居民生活用水阶梯式水价的第一级水量基数,根据确保居民基本生活用水的原则制定;第二级水量基数,根据改善和提高居民生活质量的原则确定;第三级水量基数,根据按市场价格满足特殊需要的原则制定。各级的水量基数主要依据《湖南省用水定额》确定,水量基数是调整和改革水价的主要依据。

2. 以长株潭为重点推进城市水价改革

以长株潭三城市为重点,率先推进城市水价改革,改革取得经验后,向全省其他城市推广,同时鼓励有条件的地区积极开展水价改革。省物价局会同省住建厅、省水利厅应抓紧制定推进长株潭三市水价改革的具体办法。省水利厅应会同有关部门尽快制定用水户用水定额用量核定的具体办法,为加快推进超定额累进加价和阶梯式水价创造条件。

6.3.3 推进农业水价综合改革

1. 核定农业供水水价

大型灌区及跨市州灌区供水水价由省物价部门商省水利部门核定;跨县(市、区)的中型灌区供水水价由市(州)物价部门商市水利部门核定;其他中型供水水价由县物价部门商县水利部门核定;末级渠系及农民用水户协会管理的灌溉范围水价由农民用水户协会或村集体经济组织在乡镇水利站指导下,按民主协商一致、切合实际的原则自主核定。

由县级以上有关部门核定的农业用水价格按补偿供水生产成本、费用的原则核定,不计利润和税金,实行终端水价。终端水价由国有水利工程供水水价和末级渠系供水水价两部分组成,国有水利工程供水水价是将公益性人员基本支出和公益性维修养护费从国有水利工程供水成本中剥离,由财政予以补助,其余部分计入终端水价;末级渠系供水水价即为末级渠系供水成本,可由农民用水户协会或村集体经济组织依据政府指导价组织用水户协商确定,计入终端水价。对村组所有塘坝等小型水利工程灌溉水价,其农民用水户协会或村集体经济组织组织受益农户协商确定。

2. 加强水费征收管理

改革水费计收机制,建立并完善国有水利工程加农民用水户协会或村集体经济组织的"计量收费、规范有序"的水费计收体制。国有水利工程水费由工程管理单位征收,也可以由财政采取"代征代扣"的方式征收;农民用水户协会或村集体经济组织根据用水户的用水需求,与供水单位应该签订供水合同,负责水费征收管理,并依据核定的水量向供水单位缴纳水费。

农民用水户协会或村集体经济组织应定期公开水费征收依据和标准,定期公示水费征收使用情况,主动接受村民监督。

水利工程供水管理单位应当加快用水计量设施安装工作,实行用水计量,按计量收费,探索实行定额内用水享受优惠水价、超定额用水累进加价制度。

3. 实行农业用水补贴机制

按照政府承担或补助公益性支出的原则,合理确定灌排工程运行维护补助标准,降低农民水费支出。省财政、物价、水利等部门应联合出台农业灌排水利工程补助政策。

4. 开展综合水价改革试点

以铁山灌区、黄材灌区、官庄灌区等3个大型灌区为改革试点灌区,推进农业水价综合改革,以末级渠系节水改造和用水计量设施安装为前提,实行农业终端水价制度,构建以农民用水户协会为主要形式的新型农业供水管理体制,探索建立定额内用水财政补贴机制。

6.3.4 农村集中供水工程水价改革

1. 科学核定农村居民用水水价

按照"补偿成本、保本微利"的原则,对于日供水能力达到一定标准的农村集中供水工程由物价部门商水利部门按职能权限开展成本测算,科学核定农村居民用水水价。其他集中供水工程水价,由农民用水户协会或村集体经济组织组织受益农户协商确定。

2. 完善水费计收方式

农村供水工程实行计量收费,有条件的地方可推行定量水价与计量水价相结合的两部制水价办法,实行用水定额管理。各地区根据水资源条件、农民生活用水基本需要求等因素,科学核定农民生活用水基础用量。基础用量内实行基本水价和水费包干;超过基础用量一定比例以内的用水,仍实行基本水价,超出部分按计量收费;超出基础用量一定比例以外的用水,适当提高水价标准,促进节约用水。经县级民政部门认定的五保户、特困户,实行用水补贴,其费用由县级财政承担。

3. 实行税收和电价优惠政策

根据农村集中供水工程供水运行实际情况,实行税收和电价优惠政策。工程建设给予税收优惠,工程运行用电执行居民用电价格。

7 水利改革的工作部署和保障措施

7.1 工作思路

五项改革涉及面广,涵盖法规建设、部门协调、建设资金与运行管理经费筹措、机构编制落实等问题,我们必须贯彻中央和省委一号文件,紧扣全国水利改革试点,围绕全省经济社会发展需求,在水利部的支持和指导下,在省委、省政府的领导下,建立上下联动、部门协作的改革机制。力求用 3 年左右的时间,破解制约水利发展的体制机制障碍,五项改革取得实质性成果,通过水利部和省政府验收后,巩固完善相关成果,基本建成有利于水利科学发展的制度体系,形成较为完善的安全水利、生态水利、民生水利的体制机制。

7.2 组织机构

建立由水利部部长和湖南省省长为召集人的部省水利改革联席会议制度,负责指导我省水利改革工作。建立由部领导牵头,部规划计划司、政策法规司、水资源司、财务司、人事司、建设与管理司、农村水利司、综合事业局、发展研究中心、灌溉排水发展中心等相关司局主要领导组成的协调办公室,负责指导、协调解决改革中的相关问题。

湖南省成立以省长为组长,省委联系水利的常委和分管水利的副省长为副组长,由政府办公厅、发改、经信、监察、民政、财政、人社、编办、国土、环保、住建、交通、水利、农业、地税、国税、质监、物价、法制办、农办、金融办、银监会等部门和单位负责人参加的湖南省水利改革发展领导小组,负责指导水利改革工作的实施。并成立水资源体制改革、投融资及水价体制改革、水利建设和工程管理体制改革、基层水利服务体系改革工作小组,由省水利厅和省相关部门人员组成,负责五项改革的具体实施。

7.3 时间安排

改革工作分为四个阶段:准备阶段,实施阶段,验收阶段和巩固与深化阶段。

7.3.1 准备阶段(2011.3—2011.8)

编制水利改革试点方案,由水利部和省人民政府联合批复水利改革试点方案,并由省人民政府印发。水利部和湖南省政府建立部省水利改革协调联席会议制度。湖南省成立水利改革发展领导小组。

7.3.2 实施阶段(2011.9—2014.8)

统筹安排、分工协作、重点攻关,通过3年的时间改革攻坚,本方案各项改革重点内容取得实质性成果。

1. 第一年(2011.9—2012.8)

(1) 出台湖南省水务一体化改革指导意见,长沙、株洲、株洲

三市完成水务一体化改革试点,理顺水务管理体制,健全水务良性运行机制。(由省编办、省水利厅、省住建厅、省环保厅负责落实)

(2) 出台《湖南省湘江管理条例》。(由省法制办、省水利厅、省环保厅负责落实)

(3) 成立湘江流域管理协调委员会,并组建湘江流域管理委员会办公室。(由省编办、省水利厅负责落实)

(4) 规范入河排污口设置审批程序。(由省水利厅、省环保厅负责落实)

(5) 建立水资源安全协作机制,建立水利与环保联席会议制度、枯水期水资源调度会商制度。(由省水利厅、省环保厅负责落实)

(6) 建立财政对水利投入的持续稳定增长机制,明确建立各级财政每年预算安排水利建设投入增幅与同期财政经常性收入增幅同步的机制,明确中央投资或中央补助项目省、市、县各级配套资金比例。(由省财政厅、省发改委、省水利厅负责落实)

(7) 各级财政设立农田水利建设专项资金,出台各级财政从土地收益中计提农田水利建设资金的政策;严格执行水利建设基金筹集政策;设立小型农田水利设施建设补助专项资金,实行民办公助;"一事一议"财政奖补资金重点投向水利建设,加大奖补力度。(由省财政厅、省农办、省水利厅、省发改委、省法制办负责落实)

(8) 调整水资源费征收标准工作(由省物价局、省财政厅、省水利厅负责落实)

(9) 搭建水利融资平台,成立省级融资公司。(由省水利厅、省金融办、省财政厅负责落实)。

(10) 全省所有县(市、区)建立水利建设项目管理中心,作为项目法人,对区域内中小型水利工程实行集中建设管理。(省编办、省水利厅、省发改委、省财政厅负责落实)

（11）建立水利工程建设项目信息公开和水利建设市场主体信用信息管理平台，建立市场准入与退出机制，完善和加强招投标管理，健全监督检查机制。（由省水利厅、省监察厅、省发改委、省财政厅、省经信厅负责落实）

（12）出台全省农民用水户协会建设的指导性意见。（由省水利厅、省农办、省民政厅落实）

（13）制定推进长株潭三市城市水价改革的具体措施和办法。（由省物价局、省住建厅、省水利厅负责落实）

（14）制定出台工业和服务业用水定额用量核定的具体办法。（由省水利厅、省物价局、省住建厅负责落实）

（15）农业集中供水工程实行税收和电价优惠政策，工程建设给予税收优惠，工程运行用电执行居民用电价格。（由省物价局、省水利厅、省电力公司负责落实）

（16）健全长株潭三市水务良性运行机制，完善水务管理制度标准体系和发展政策措施，建立水务企业市场化和产业化运行机制。（由省水利厅、省住建厅、省环保厅负责落实）

（17）明确农民筹资筹劳建设水利工程的产权和受益权。（由省水利厅负责落实）

2. 第二年（2012.9—2013.8）

（1）建立水功能区划机制，完成《湖南省水功能区划》修编及划界及立碑。（从第一年开始，第二年全面完成，由省水利厅、省环保厅、省质监局负责落实）

（2）建立水功能区监督管理机制，全面完成水功能监测站网建设和重点水功能区纳污能力核定工作，提出相应水域限排总量意见。（从第一年开始，第二年全面完成，由省水利厅、省环保厅负责落实）

（3）出台湖南省水土保持法实施办法，完善水土保持补偿费征收标准。（第一年开始，第二年完成，由省法制办、省物价局、省财政厅、省水利厅负责落实）

（4）提高河道采砂管理费征收标准，强化河道工程修建维护管理费征收。（第一年开始，第二年完成，由省物价局、省财政厅、省水利厅负责落实）

（5）完善水利工程耕地占用税和农村水电增值税优惠政策。（由省地税局、省国税局、省国土厅、省水利厅落实。）

（6）建立村民自建、民主管理、政府验收的小型农田水利建设管理新机制。（从第一年开始，第二年完成，由省水利厅、省发改委、省财政厅、省农办和省监察厅负责落实）

（7）出台《公益性小型水利工程管理和维护补助管理办法》，各级财政按比例全面落实小型水利工程的管理和维护补助资金，建立小型水利工程良性运行机制。（从第一年开始，第二年全面完成，由省财政厅、省水利厅负责落实）

（8）建立小型水库管护员制度，落实管护经费。（从第一年开始，第二年全面完成，由省水利厅、省财政厅负责落实）

（9）出台《开发建设项目占用水利设施管理办法》和《建设项目占用水域管理办法》。（从第一年开始，第二年全面完成，由省法制办、省水利厅负责落实）

（10）全面建立乡镇水利站，理顺管理体制，并完成定编、定岗、定员工作。（第一年开始，第二年完成，由省编办、省财政厅、省水利厅负责落实）

（11）加强乡镇水利站队伍建设，建立健全人员聘用制度和教育培训机制，妥善安置分流人员，健全考评机制。（从第一年开始，第二年基本完成，由省水利厅、省财政厅、省人社厅负责落实）

（12）完善乡镇水利站保障机制，县级财政将水利站人员工资、补贴和日常办公经费纳入县级财政预算，并落实乡镇水利站人员的社会保障。（从第一年开始，第二年全面完成，由省财政厅、省水利厅、省人社厅负责落实）

（13）完成强制性标准《湖南省用水定额标准》的修订。（从第一年开始，第二年全面完成，由省水利厅、省质监局、省住建厅、省

经信委负责落实)

(14) 明确农业灌排水利工程补助标准,建立农业用水补贴机制。(由省财政厅、省水利厅负责落实)

3. 第三年(2013.9—2014.8)

(1) 总结水务一体化改革的经验,稳步推进全省水务一体化改革。(第二年开始,第三年完成,由省水利厅、省编办、省住建厅负责落实)

(2) 建立和完善水资源管理"三条红线"控制制度、河道采砂管理机制和流域管理协调机制等流域管理机制和工作机制,全面实施流域管理。(从第一年开始,第三年全面完成,由省水利厅、省环保厅、省国土厅、省交通厅负责落实)

(3) 建立饮用水水源保护机制,完成饮用水水源地核定工作,建立饮用水水源地名录,开展国家级和省级饮用水水源地达标建设工作。(从第一年开始,第三年全面完成,由省水利厅、省环保厅、省住建厅负责落实)

(4) 扶持融资公司发展壮大,出台有关优惠政策扩大融资规模。(从第一年开始,第三年基本完成,由省水利厅、省金融办、省财政厅负责落实)

(5) 新建大中型水利工程试行总承包制和代建制。(第一年开始,第三年完成,由省发改委、省水利厅、省住建厅负责落实)

(6) 明晰水利工程产权,制定公益性和准公益性水利工程名录,并明确管护责任主体。(从第一年开始,第三年全面完成,由省水利厅、省质监局负责落实)

(7) 全面完成大中型水利工程水管体制改革的深化工作,足额落实"两费",实现管养分离。(从第一年开始,第三年全面完成,由省水利厅、省编办、省财政厅负责落实)

(8) 推进水利工程规范化管理。(从第一年开始,第三年全面完成,由省水利厅负责落实)

(9) 出台水利工程确权划界指导意见,开展水利工程确权划

界,完成已建水利工程的确权划界工作。(从第一年开始,第三年基本完成,由省水利厅、省国土厅负责落实)

(10) 建立覆盖全省的村级农民用水户合作组织,明确用水合作组织职责,规范运行管理,健全监管机制,落实扶持政策。(从第一年开始,第三年全面完成,由省水利厅、省民政厅、省财政厅负责落实)

(11) 全面完成长株潭三市城市水价改革,居民生活用水实行阶梯式计价,非居民用水实行超定额累进加价制度。(从第一年开始,第三年全面完成,由省物价局、省住建厅、省水利厅负责落实)

(12) 开展农业供水终端水价核定工作。(从第一年开始,第三年基本完成,由省物价局、省水利厅负责落实)

(13) 农业水价改革试点灌区的水价综合改革全面完成。(从第一年开始,第三年全面完成,由省水利厅、省财政厅负责落实)

(14) 科学核定农村集中供水工程水价,完善水费计收方式,全面推行计量收费,试行定量水价与计量水价相结合的两部制水价办法。(从第二年开始,第三年基本完成,由省物价局、省水利厅、省财政厅负责落实)

7.3.3 验收阶段(2013.5—2014.12)

2013.5—2013.6,中间验收。部省改革领导小组及办公室对改革成果进行中间验收,提出中间验收意见,指导下阶段改革。

2014.9—2014.12,总体验收。部省改革领导小组及办公室对水利改革试点工作进行总体验收,验收合格后,由水利部授牌。

7.3.4 巩固深化阶段(2015.1—)

湖南省在水利改革总体验收授牌后,进一步总结改革工作经验,深化推广改革工作成果,推动水利事业全面快速发展。

7.4 保障措施

7.4.1 建立部省协作机制,加强组织领导

我省水利改革是全国首个水利改革试点,无经验和模式供参考和借鉴。全省水利改革务必在水利部的支持和指导下,在省委

省政府的正确领导下,建立部省协作机制,研究改革中的涉及重大政策调整、机构、人员、经费等改革难点问题,推进改革顺利实施。各级党委和政府要站在全局和战略高度,切实加强对水利改革的组织领导,及时研究解决改革中的突出问题。

7.4.2 落实职责分工,建立责任机制

水利改革是政府体制改革的重要组成部分,需要各职能部门通力协作、共同实施。因此,要逐级逐部门落实水利改革工作分工、明确工作职责。各级各部门要切实增强责任意识,认真履行职责,尽快制定完善各项配套措施和办法,并将水利改革纳入年度工作综合考评体系。

7.4.3 加强资金支持,强化政策保障

水利改革势必触及深层次的矛盾和问题,改革攻坚的难度和阻力势必越来越大。为确保改革顺利推进、取得实效,需要水利部和省政府对全省水利改革给予资金支持,并出台与水利改革相关的地方法规规章和政策。

7.4.4 健全协商机制,促进公众参与

水利改革关系到多个部门,涉及千家万户,既需要各级政府和有关部门的大力推动,也需要全社会的支持和参与。改革过程中,各相关部门要在省政府统一领导下,加强沟通协调、密切配合,建立健全部门协作机制;要在全社会加大对水利改革的宣传力度,提高全社会对水利改革的认识和关注度,动员全社会力量支持、参与水利改革。

水利部关于深化水利改革的指导意见

（水规计〔2014〕48号）

为深入贯彻党的十八大和十八届三中全会精神，全面落实中央关于水利改革发展的决策部署，推动水利重要领域和关键环节改革攻坚，现就深化水利改革提出如下意见。

一、深化水利改革的重要意义

1. 我国国情水情特殊，解决复杂的水问题，不仅要靠坚实的工程基础、先进的科技支撑，更要靠健全的制度保障。党的十一届三中全会以来，水利改革不断推进，水利体制机制逐步完善，保障了水利事业的快速发展。但是，随着经济结构深入调整和社会持续转型，水利体制机制仍存在与经济社会可持续发展不协调、不适应的问题，水资源要素对转变经济发展方式的倒逼机制尚未形成，水价在资源配置节约保护中的杠杆作用还没有充分发挥，全社会投入水利基础设施建设的活力需要进一步激发，有效保护水生态水环境的社会管理体制尚不完善，农田水利建设管理体制与农业经营方式变化还不相适应。因此，必须深化水利改革，加快建立有利于水利科学发展的制度体系。

2. 深化水利改革，是贯彻党的十八届三中全会精神的重大举措，是推进国家治理体系和治理能力现代化的重要内容，是使市场在资源配置中起决定性作用和更好发挥政府作用的必然要求，是加快建立生态文明制度的迫切需要。建立科学完善的水利体制机制，有利于加快水利基础设施建设，提高水利公共服务水平；有利于水资源的节约保护和优化配置，促进经济发展方式转变；有利于改善水生态环境，推进生态文明建设。要充分认识深化水利改革的重大意义，切实增强责任感和紧迫感，不断把水利改革推向深入。

二、深化水利改革的总体要求

3. 指导思想。以邓小平理论、"三个代表"重要思想、科学发展观为指导,深入贯彻党的十八大、十八届三中全会精神,按照中央关于加快水利改革发展的总体部署,以保障国家水安全和大力发展民生水利为出发点,进一步解放思想、勇于创新,加快政府职能转变,发挥市场配置资源的决定性作用,着力推进水利重要领域和关键环节的改革攻坚,使水利发展更加充满活力、富有效率,让水利改革发展成果更多更公平惠及全体人民。

4. 基本原则。深化水利改革,要处理好政府与市场的关系,坚持政府主导办水利,合理划分中央与地方事权,更大程度更广范围发挥市场机制作用。处理好顶层设计与实践探索的关系,科学制定水利改革方案,突出水利重要领域和关键环节的改革,充分发挥基层和群众的创造性。处理好整体推进与分类指导的关系,统筹推进各项水利改革,强化改革的综合配套和保障措施,区别不同地区不同情况,增强改革措施的针对性和有效性。处理好改革发展稳定的关系,把握好水利改革任务的轻重缓急和社会承受程度,广泛凝聚改革共识,提高改革决策的科学性。

5. 总体目标。坚持社会主义市场经济改革方向,充分考虑水利公益性、基础性、战略性特点,构建有利于增强水利保障能力、提升水利社会管理水平、加快水生态文明建设的科学完善的水利制度体系。到二〇二〇年,在重要领域和关键环节改革上取得决定性成果。

三、加快水行政管理职能转变

适应社会主义市场经济体制的要求,必须加快水行政职能转变,建立事权清晰、权责一致、规范高效、监管到位的水行政管理体制,激发市场、社会的活力和创造力,进一步提高水行政管理效率和质量。

6. 大幅度减少水行政审批事项。进一步简政放权,深化水行政审批制度改革,凡采用事后监督能够解决的审批事项,尽可能取消。减少水利资质资格认定,适合行业组织承担的由其自律管理。推进水工程建设规划同意书、建设项目水资源论证、洪水影响评价、水土保持方案、涉河建设项目、水利基建前期工作等审查审批项目分类合并实施。改进水行政审批和监管方式，确需保留的水行政审批事项，要明确管理层级，简化审批程序。对取消和下放的审批事项，要加强行业指导和事中事后监管问责，落实考核评估措施。

7.合理划分中央与地方水利事权。国家水安全战略和重大水利规划、政策、标准制订，跨流域、跨国界河流湖泊以及事关流域全局的水利建设、水资源管理、河湖管理等涉水活动管理作为中央事权。跨区域重大水利项目建设维护等作为中央和地方共同事权，逐步理顺事权关系。区域水利建设项目、水利社会管理和公共服务作为地方事权。由地方管理更方便有效的水利事项，一律下放地方管理，中央加强行业指导和监督职责。

8.创新水利公共服务提供方式。对适合市场、社会组织承担的水利公共服务，要引入竞争机制，通过合同、委托等方式交给市场和社会组织承担。逐步推行工程建设管理、运行管理、维修养护、技术服务等水利公共服务向社会力量购买，推动水利公共服务承接主体和提供方式多元化。研究制定政府购买水利公共服务的指导性目录，明确购买服务的种类、性质和内容，以及承接主体的要求和绩效评价标准。积极培育水利公共服务市场，健全市场监管机制。

9.稳步推进水利事业单位和社团改革。加快水利事业单位分类改革，推动事业单位与主管部门理顺关系和去行政化，依法由政府承担的行政职能不得交由事业单位承担。探索建立水利事业单位法人治理结构，推进有条件的水利事业单位转为企业或社会组织。加快实施政社分开，推进水利行业社团明确权责、依法自治、发挥作用。制定水利行业协会与行政机关脱钩的实施方案，限期脱钩，强化行业自律。

四、推进水资源管理体制改革

水资源具有流域性、循环性、稀缺性和不可替代性，必须优化配置、合理开发、高效利用、全面节约和有效保护。要全面落实最严格的水资源管理制度，建立事权清晰、分工明确、运转协调的水资源管理体制。

10. 落实和完善最严格水资源管理制度。健全覆盖省市县三级的水资源管理"三条红线"控制指标体系和监控评价体系，落实最严格水资源管理考核制度。推动建立规划水资源论证制度，把水资源论证作为产业布局、城市建设、区域发展等规划审批的重要前置条件。完善重大建设项目水资源论证制度，涉及公众利益的重大建设项目，应充分听取社会公众意见。建立水资源开发利用监测预警机制，对取用水总量已达到或超过控制指标的地区，暂停审批建设项目新增取水。探索建立国家水资源督察制度。

11. 健全流域综合管理体制机制。推进以流域为单元的综合管理，强化流域机构在流域规划管理、防洪和水资源统一调度、河湖管理、"三条红线"控制指标考核评估、流域综合执法等方面的职能。建立各方参与、民主协商、共同决策、分工负责的流域议事协调机制和高效执行机制，协调好流域水资源开发利用与保护，防洪安全与河湖岸线利用，江河治理与水能资源开发、航道建设等关系。在有条件的流域探索建立利益相关方参加的流域管理委员会。

12. 推进城乡水务一体化管理。鼓励地方按照精简、统一、效能的原则，整合涉及防洪排涝、水源工程建设与保护、供水排水、节约用水、污水处理、中水回用等方面的行政管理职能，实行水务一体化管理，行业上分别接受上级相关行政主管部门的指导和监管。统筹城乡水利基础设施建设，推进水利基本公共服务均等化。

五、建立健全水权制度和水价机制

科学高效配置水资源，必须发挥市场在资源配置中的决定性作用和更好发挥政府作用，建立健全水资源资产产权制度，完善水价形成机制，培育和规范水市场，提高水资源利用效率与效益。

13. 健全水权配置体系。开展水资源使用权确权登记,形成归属清晰、权责明确、监管有效的水资源资产产权制度。抓紧完成省级以下区域用水总量控制指标分解,加快开展江河水量分配,确定区域取用水总量和权益。完善取水许可制度,对已经发证的取水许可进行规范,确认取用水户的水资源使用权。对农村集体经济组织的水塘和修建管理的水库中的水资源使用权进行确权登记。对工业、服务业新增取用水户,研究探索政府有偿出让水资源使用权。

14. 建立健全水权交易制度。开展水权交易试点,鼓励和引导地区间、用水户间的水权交易,探索多种形式的水权流转方式。积极培育水市场,逐步建立国家、流域、区域层面的水权交易平台。按照农业、工业、服务业、生活、生态等用水类型,完善水资源使用权用途管制制度,保障公益性用水的基本需求。

15. 建立符合市场导向的水价形成机制。建立反映水资源稀缺程度和供水成本的水利工程供水价格机制,促进节约用水,保障水利工程良性运行。积极推进农业水价综合改革,加快落实灌排工程运行维护经费财政补助政策,合理确定农业用水价格,实行定额内用水优惠水价、超定额用水累进加价,制定农业水价综合改革意见。应充分考虑市场供求、资源稀缺、环境保护等因素,合理确定城镇供水水价,加快推进城镇居民用水阶梯价格制度、非居民用水超计划超定额累进加价,提高透明度,接受社会监督。

六、加强水生态文明制度建设

加快推进水生态文明建设,是在更深层次、更广范围、更高水平上推动民生水利新发展的重要任务,是生态文明建设的重要内容。必须健全水生态文明制度体系,促进和保障水生态系统保护与修复,实现人水和谐。

16. 探索水生态文明建设模式。完善水生态环境保护管理机制,把生态文明理念融入到水资源开发、利用、治理、配置、节约、保护的各方面和水利规划、设计、建设、管理的各环节。开展城乡水生态文明创建,通过大力发展节水型社会、综合整治水生态环境、切实维护健康的河湖功能、深入挖掘水文化元素等措施,因地制宜探索水生态文明建设模式。建立健全水利风景区建设与管理机制。

17. 健全水资源有偿使用制度和水生态补偿机制。要按照国家有关部门制定的水资源费征收标准政策,进一步规范征收标准分类,尽快调整到"十二五"末最低征收标准。要根据水资源稀缺程度和开发利用状况,逐步提高水资源费征收标准。推动建立江河源头区、重要水源地、重要水生态修复治理区和蓄滞洪区生态补偿机制。建立流域上下游不同区域的生态补偿协商机制,推动地区间横向生态补偿。积极推进水生态补偿试点。

18. 健全地下水管理与保护制度。实行地下水水量水位双控制,合理确定地下水可开采量以及地下水控制水位,加强地下水动态监测,推动建立地方行政首长对地下水压采和保护负总责的机制。对华北平原等地下水严重超采区,依法划定地下水禁止开采或者限制开采区,通过置换水源、节约用水、调整产业结构、压减灌溉面积等综合措施,实行禁采限采,逐步实现地下水采补平衡。建立健全地下水分区管理制度,明确分区管理和保护措施。

19. 完善水土保持预防监督和治理机制。依法划定水土流失重点预防区和重点治理区。严格执行生产建设项目水土保持"三同时"制度,明确生产建设项目水土流失防治责任,控制新增人为水土流失。尽快出台水土保持补偿费征收使用管理办法,完善水土保持补偿制度。落实地方人民政府水土保持目标责任制和考核制度。推行以户承包、联户承包、拍卖治理、股份合作、农村新型主体参与等水土流失治理模式。

七、建立严格的河湖管理与保护制度

加强和创新河湖管理是提高科学治水管水能力的重要途径。必须加快完善河湖管理与保护体系,健全工作机制,改进管理方式,规范涉水活动,维护河湖健康。

20. 健全河湖规划约束机制。依法建立健全河道规划治导线管理制度。完善河湖管理、河道采砂、岸线保护等规划,为河湖管理与保护提供规划依据。实行河湖水域岸线、河道采砂、水能资源等河湖开发利用和保护分区管理,明确河湖开发利用和保护要求,合理利用河湖资源,有序推进河湖休养生息。完善河道等级划分,研究提出河道分级管理意见。

21. 强化河湖管理与保护。依法划定河湖管理和保护范围,开展河湖水域岸线登记。加强河湖空间用途管制,建立建设项目占用水利设施和水域岸线补偿制度。按照分级管理的原则,落实河湖管护主体、责任和经费,完善河湖管护标准体系和监督考核机制。因地制宜推行"河长制"等管理责任机制。积极运用卫星遥感等先进技术强化河湖监控,依法查处非法侵占河湖、非法采砂等行为。

八、完善水利投入稳定增长机制

水利投入是加快水利基础设施建设的重要保障。必须坚持政府主导,健全公共财政水利投入稳定增长机制;必须进一步发挥市场作用,鼓励和吸引社会资本更多投入水利。

22. 完善公共财政水利投入政策。积极争取各级财政加大对水利的投入,进一步落实好土地出让收益计提农田水利建设资金的政策,鼓励地方采取按土地出让总收入一定比例计提的方式。积极拓宽水利建设基金来源渠道,推动完善政府性水利基金政策。各地要尽快划定有重点防洪(潮)任务的城市和水资源严重短缺城市名录,落实从城市建设维护税中划出不少于15%的资金用于城市防洪排涝和水源工程建设的政策。

23. 落实水利金融支持相关政策。推动建立水利政策性金融工具,争取中央和地方财政贴息政策,为水利工程建设提供中长期、低成本的贷款。积极协调金融监管机构,进一步拓宽水利建设项目的抵(质)押物范围和还款来源,允许以水利、水电、供排水资产及其相关收益权等作为还款来源和合法抵押担保物。探索建立洪涝干旱灾害保险制度。

24. 鼓励和吸引社会资本投入水利建设。在鼓励和引导民间资本投入农田水利和水土保持的基础上,进一步研究把引调水工程、水源工程建设等作为吸引社会资本的重要领域。积极发展BOT(建设—经营—转交)、TOT(转让经营权)、BT(建设—转交)、PPP(公私合作)等新型水利项目融资模式。对于准公益性水利工程,制定政府补贴机制,鼓励和引导企业、个人等符合条件的投资主体,以合资、独资、特许经营等方式投入水利工程建设。

25. 改进水利投资监督管理。适应财政转移支付政策调整,改进小型水利项目投资管理,对农田水利、水土保持等面广量大的小型水利项目,将责任、权力、资金、任务落实到省,地方对项目审批、建设实施负总责,中央有关部门加强行业指导和行政监督。创新水利扶贫工作机制。加强水利投资使用监管,完善水利项目稽察、后评价和绩效评价制度,对投资项目进行全过程监管,提高投资管理水平和投资效益。

九、深化水利工程建设和管理体制改革

提高水利工程建设和管理水平,保障工程质量和安全,充分发挥水利工程效益,必须创新水利工程建设和管理体制,推动水利工程建设和运行管理专业化、市场化和社会化发展。

26. 创新水利工程建设管理模式。完善水利工程建设项目法人责任制、招标投标制和建设监理制。规范项目法人组建,建立考核评价和激励约束机制,强化政府对项目法人的监督管理。因地制宜推行水利工程代建制、设计施工总承包等模式,实行专业化社会化建设管理。对中小型水利工程建设,可采取集中建设管理模式,按县域或项目类型集中组建项目法人。探索水利工程新型移民安置方式,健全移民安置监督管理机制。

27. 强化水利工程质量安全与市场监管。加强省、市水利工程质量与安全监督管理机构和能力建设,鼓励有条件的县级行政区设立水利工程质量与安全监督管理机构。按照工程规模和重要程度划分水利工程质量与安全监督事权,严格落实各级质量与安全责任制。推进水利建设项目招投标进入公共资源交易中心进行交易,建立健全水利建设项目评标专家库。加强水利工程建设市场监管,推进水利工程建设项目信息公开,积极开展市场主体信用等级评价,完善全国统一的诚信体系信息平台,建立守信激励和失信惩戒机制。

28. 深化国有水利工程管理体制改革。健全水利工程运行维护经费保障机制,尽快将公益性、准公益性水利工程特别是大中型灌区管理单位基本支出和维修养护经费落实到位,完善中央财政对中西部地区、贫困地区公益性水利工程维修养护经费的补助政策。参照中央水利建设基金的支出结构,逐步提高地方水利建设基金用于水利工程维修养护的比例。切实做好水利工程确权划界,继续推进管养分离,以政府购买服务方式由专业化队伍承担工程维修养护,培育和规范维修养护市场。推行水利工程物业化管理。

十、创新农村水利发展机制

农村水利是农业增产、农民增收、农村发展的重要基础。必须适应农村经济社会结构和农业生产经营方式变革,创新农村水利体制机制,促进农村水利发展,保障国家粮食安全。

29. 创新农田水利组织发动和建设机制。落实农田水利建设地方行政首长负责制,健全部门分工协作制度,完善考核评价机制,充分发挥政府在农田水利建设中的主导作用。通过以奖代补、先建后补、项目扶持、信贷支持等政策措施,调动农民群众参与农田水利建设的积极性,鼓励农民用水合作组织和新型农业经营主体承担农田水利工程建设与管护。探索适合小型农田水利特点的建设管理模式,对比较分散的小型水利工程建设项目,在统一规划和建设标准的前提下,可由具备条件的乡镇、村级组织和农民用水合作组织等组织实施,县级水行政主管部门应加强指导和监管。

30. 加快农村小型水利工程产权制度改革。按照"谁投资、谁所有，谁受益、谁负担"的原则，明确小型水利工程所有权和使用权，落实管护主体、责任和经费。允许财政补助形成的小型农田水利设施资产由农民用水合作组织持有和管护。建立管护经费保障机制，小型水利工程的管护经费原则上由工程产权所有者负担，财政给予适当补助。针对不同类型工程特点，因地制宜采取群众管理和专业化、社会化管理等多种管护模式。

31. 推动农村水电管理创新。开展农村水能资源调查评价和中小河流水能资源开发规划编制，严格规划论证管理。推进水能资源开发权有偿出让和市场化配置，鼓励有条件的地区先行开展试点。通过资金和项目支持，促进绿色小水电建设，有效减轻资源开发利用对生态环境的不利影响。推动完善农村水电上网电价形成机制。加强农村水电安全监管。

十一、健全基层水利管理体制机制

提升基层水利管理能力是统筹城乡水利协调发展的迫切需要。必须大力推进基层水利服务体系建设，切实提高基层水利建设、管理与服务能力。

32. 健全基层水利服务机构。以乡镇或小流域为单元设立基层水利服务机构，负责辖区内的水资源管理与保护、防汛抗旱、农村水利工程建设和管理、水利科技推广等工作。建立经费保障机制，人员经费和业务经费纳入县级财政预算。因地制宜开展基层水利服务机构标准化建设。

33. 加强农民用水合作组织和专业化服务队伍建设。大力扶持和发展农民用水合作组织，探索农民用水合作组织向农村经济组织、专业化合作社等多元方向发展，发挥农民用水合作组织在小型农田水利建设和管理中的作用。制定规范农民用水合作组织建设的指导意见。建立健全基层防汛抗旱、灌溉排水、农村供水、水土保持等专业化服务组织，构建完善的基层水利专业化服务体系。

34. 强化基层水利队伍建设。推进基层水利单位岗位设置管理,优化人员结构,明确岗位要求,实施按岗聘用,防止人浮于事。推行基层水利单位公开招聘制度,坚持公开、平等、竞争、择优原则,对新进人员要严格资格条件、严格进人程序、严把进人入口关。在艰苦边远地区,可适当降低基层水利人员招录学历门槛。鼓励高校应届毕业生到基层水利服务机构工作,探索大学生"基层水官"制度,对有基层水利工作经历的人员,各级水行政主管部门优先招录。

十二、强化水利法治建设和科技创新

水利法治建设和科技进步是建设法治中国和创新型国家的重要组成部分。必须依法治水,保障水利改革发展;必须依靠科技创新,驱动水利改革发展。

35. 健全水法规体系建设。加强水法规体系建设顶层设计,统筹推进重点立法项目。推动出台南水北调工程供用水管理条例、农田水利条例,加快河道采砂管理、节约用水等重点领域立法。积极开展水权制度、地下水管理、农村水电、湖泊管理与保护等方面的立法前期工作。健全规范性文件备案与审查制度。注重科学立法、民主立法,建立健全公开征求意见制度、听证制度、专家咨询制度,提高水利立法质量。

36. 全面加强水行政执法。全面推进水利综合执法,建立权责统一、权威高效的水行政执法体制,强化专职水行政执法队伍和能力建设。建立健全流域与区域、区域与区域、水利部门与相关部门的联合执法机制,加大现场执法力度,切实做到严格规范公正文明执法。建立健全执法网络,下移执法监管重心,充实基层执法力量。健全水事矛盾纠纷排查化解机制。

37. 深化水利科技体制改革。建立健全鼓励原始创新、集成创新、引进消化吸收再创新的水利科技体制机制,大力提高科技在水利发展中的贡献率。整合水利科技资源,完善政府对基础性、战略性、前沿性水利科学研究和共性技术研究的支持机制。

推进建立主要由市场决定水利科技创新项目和经费分配、评价成果的机制。建立产学研协同创新机制,加强实用技术推广和高新技术应用,推动信息化与水利现代化深度融合。健全水利人才引进培养机制和水利科技资源平台共享机制。

十三、保障措施

38. 加强组织领导。各级水利部门要切实提高对深化水利改革重要性和紧迫性的认识,把水利改革工作摆在更加突出的位置,抓好工作部署,落实工作责任,及时研究和解决水利改革工作中的重大问题。水利部成立深化水利改革工作领导小组,负责水利改革总体设计、统筹协调、整体推进、督促落实。

39. 制定实施方案。水利部对水利改革任务进行分解,各有关司局和单位要制定实施方案,细化实化改革措施,明确改革的时间表、路线图和阶段性目标。省级水行政主管部门要根据本指导意见,结合本地实际制定省级深化水利改革实施方案,并抓好组织实施。省级深化水利改革实施方案报水利部备案。

40. 健全工作机制。水利部建立水利改革信息报送和动态跟踪机制,及时掌握各地改革进展及存在的问题,加强改革任务统筹安排和综合协调,切实解决突出问题,确保改革工作顺利推进。有关单位和地方要密切配合、协同推进水利重要领域和关键环节的改革,及时报送改革进展情况。加强对改革工作的督促检查和考核评估,确保各项改革目标任务有效落实。

41. 推进改革试点。围绕水利改革重点任务,选择有代表性的地区,开展水利改革综合试点,及时总结经验,凝练有效模式,在全国范围内进行宣传推广,发挥示范带动作用。各地要结合本地区实际,在一些重要领域和关键环节大胆探索,勇于创新,为推动全国水利改革提供有益经验。

关于印发《湖南省水利厅关于深化水利改革的实施方案》的通知

(湘水办〔2014〕66号)

厅机关各部门,厅直各单位,各市(州)、县(市、区)水利(务)局:

为深入贯彻落实《水利部关于深化水利改革的指导意见》和《中共湖南省委贯彻落实〈中共中央关于全面深化改革若干重大问题的决定〉的实施意见》,结合湖南水利实际,省水利厅研究制定了《湖南省水利厅关于深化水利改革的实施方案》,并已经湖南省水利厅深化水利改革领导小组审定,现予印发。请结合实际,认真抓好落实。

湖南省水利厅
2014年7月9日

湖南省水利厅关于深化水利改革的实施方案

为全面落实十八届三中全会精神,加快推动全省水利重点领域和关键环节改革攻坚,根据《水利部关于深化水利改革指导意见》和《中共湖南省委贯彻落实〈中共中央关于全面深化改革若干重大问题的决定〉的实施意见》,立足我省实际,总结改革试点经验,提出我省深化水利改革实施方案。

一、指导思想、基本原则和总体目标

(一)指导思想

以邓小平理论、"三个代表"重要思想和科学发展观为指导,深入贯彻落实党的十八届三中全会及省委十届九次全会精神,按照中央和省委关于加快水利改革发展的总体部署,围绕湖南"四化两型"总战略和"三量齐升"总要求,以提升社会管理能力、提高公共服务水平、增强行业发展活力为出发点,积极践行"节水优先、空间均衡、系统治理、两手发力"的保障国家水安全治水思路,总结试点阶段改革成果和经验,科学研判我省水利发展面临的新形势和新任务,进一步解放思想,加快政府职能转变,发挥市场配置资源的决定性作用,从湖南水利重点领域和关键环节入手,坚持改革创新,破解制约水利发展的体制机制障碍,全面推进人水协调现代水利体系建设,为全省经济社会发展和全面建成小康社会提供防洪安全、供水安全、水生态安全保障。

(二)基本原则

深化水利改革,要处理好中央要求和湖南特色的关系,按照水利部深化水利改革的总体部署,认真落实各项改革任务,把握湖南综合改革试点情况及现实需求,突破改革重点难点。处理好政府与市场的关系,充分考虑水利的公益性、基础性和战略性,在坚持政府主导办水利的同时,更大程度更广范围发挥市场机制作用。处理好顶层设计与基层实践的关系,科学制定深化水利改革方案,深化水利重要领域和关键环节改革,充分发挥基层和群众的创造性,抓好改革试点示范。处理好整体推进和分类指导的关系,统筹推进各项水利改革,强化改革的综合配套和保障措施,坚持因地制宜和分类指导,增强改革措施的针对性和有效性。处理好改革发展与稳定的关系,把握好水利改革任务的轻重缓急和社会承受程度,广泛凝聚共识,提高改革决策的科学性。

(三)总体目标

力争到2020年,在重要领域和关键环节改革上取得决定性成果,事权清晰、权责一致、规范高效的水行政管理体制有效建立,最严格水资源管理制度全面落实,水生态文明建设制度体系基本建成,规范有序、管理严格、良性运行的水利工程建设和管理长效机制有效建立,稳定增长的水利投入机制进一步夯实,政府引导、群众为主的农田水利建设新机制全面建立,农村水利服务水平显著提高,形成有利于水利科学发展的良性机制。

二、加快水行政体制改革

合理划分省级与地方事权,深化水行政审批制度改革,分类推进水利行业企事业单位改革,创新水利公共服务提供方式,建立事权清晰、权责一致、规范高效、监管到位的水行政管理体制。

(四)合理划分事权

1. 合理划分各级事权。配合做好中央与我省水利事权划分工作,承接好水利部下放我省水利事权。按照权责一致的原则,合理界定省市县水利事权,逐步理顺事权关系,出台省市县三级水利事权划分具体意见,实行分级管理、分级负责。

2. 建立协调配合机制。建立省市县水行政管理部门分工明确、上下联动、配合密切、协调一致的工作机制。上级水行政部门对下级所承担的涉水管理任务加强指导监督,下级水行政部门对上级所负责的涉水管理事项积极配合支持。

(五)精简和优化水行政审批

1. 精简水行政审批。进一步简政放权,深化水行政审批制度改革。市场机制能有效调节的,一律取消审批;社会组织能够承担的,一律转移给社会组织;由市县管理更方便有效的,一律下放到市县管理。对确需保留的行政审批事项,进一步减少审批环节,优化审批流程,实行"阳光"审批和网上审批,推行"一个窗口受理、一站式办结"的审批模式;对取消和下放的审批事项,加强行业指导和事中事后监管,落实考核评估问责措施。

2. 优化水行政审批。研究合并省级负责项目前置性水行政许可审批,推进水工程建设规划同意书、建设项目水资源论证、洪水影响评价、水土保持方案等审查审批项目分类合并实施。探索将小型水利工程的有关前置性水利专题纳入可研或初步设计报告一并审批。

3. 建立权力清单制度。清理规范具体行政行为,明确部门、岗位权力事项,公开权力运行流程,研究制定并发布水行政权力清单。

(六)分类推进企事业单位改革

按照中央和省委关于国有企事业单位深化改革的要求,理顺政企、政事关系,加快水利企事业单位分类改革。探索水利事业单位法人治理结构,加快建立现代水利企业制度,加快推进水利行业协会、社团与行政机关脱钩,依法自治,强化行业自律。

(七)创新水利公共服务提供方式

积极培育水利公共服务市场,对适合企业或社会组织承担的工程建设管理、运行管理、维修养护、技术服务等水利公共服务,推行政府购买,探索建立减灾防灾政府购买服务机制。尽快确定政府购买水利服务目录,明确承接主体和绩效评价标准,引入社会竞争机制,健全市场监管,促进水利的公共服务和社会管理。

三、推进水资源管理体制改革

坚持以水定需、量水而行,强化节水优先、提效控需,建立水权制度,培育水市场,充分发挥水价的杠杆作用,提高水资源利用效率和效益,扎实推进湘江流域管理,建立事权清晰、分工明确、运转协调的水资源管理体制。

(八)落实最严格水资源管理制度

1. 建立健全水资源论证制度。推动建立规划水资源论证制度,把水资源论证作为产业布局、城市建设、区域发展等规划审批的前置条件。完善建设项目水资源论证制度,涉及公众利益的重点建设项目,应充分听取社会公众意见。

2. 健全取用水管理制度。完善水资源取水许可制度,严格规范取水许可审批,推动建立水资源开发利用监测预警机制,对取用水总量已达到或超过控制指标的地区,暂停审批建设项目新增取水。健全水资源有偿使用制度,推动建立水资源费动态调整机制,探索对水资源紧缺地区、优质水源等适当提高水资源费征收标准。强化取用水过程监督管理。

3. 建立健全水资源管理考核机制。健全覆盖省市县三级的水资源管理"三条红线"控制指标体系和监控评价体系;建立健全水资源安全协作机制,进一步完善水利与环保关于水资源保护与水污染防治联席会议制度;建立水资源督察制度,对地方落实最严格水资源管理情况进行监督检查,严格责任追究,推动建立领导干部离任水资源审计制度。

(九)推进水权制度建设

1. 开展水资源确权登记。加快推进全省水量分配,强化用水总量控制,开展水资源使用权确权登记,确定取用水总量和权益,推进农村集体经济组织的塘库确权登记。

2. 培育水权市场。加快建立水资源使用权用途管制制度,保障公益性用水的基本需求。积极培育统一、透明、规范的水权交易市场,开展农业、工业、生活用水有偿转让和交易探索,鼓励和引导地区间、用水户间水权交易,纳入全省公共资源产权交易平台。加强水市场监管,逐步建立水权交易制度体系。

(十)建立节水长效机制

1. 强化用水定额管理。推动将用水定额定为强制性省颁标准,作为各行业开展用水管理的重要依据。建立用水定额及时修订机制,根据经济社会发展和水资源开发利用状况,及时调整用水定额,提高全社会节水意识。

2. 深化水价改革。总结铁山、黄材、官庄三个大型灌区开展的农业水价综合改革试点经验,扩大试点面,选择部分中小型灌区实行农业水价综合改革。加快落实灌排工程运行维护经费财政补助政策,合理确定农业用水价格,实行定额内用水优惠水价、超定额用水累进加价,促进农业节约用水。全面推行工业和服务业超定额累进加价制度、城市居民生活用水阶梯式水价制度,提高用水效率。落实《湖南省农村集中供水水价管理试行办法》,合理确定农村供水水价,保障农村供水工程良性运行。

(十一)推进湘江流域管理

1. 理顺管理体制。全面落实《湖南省湘江保护条例》,完善湘江保护协调委员会职责职能,推动成立湘江流域统一管理机构,合理划分流域管理和区域管理事权,明确各级各部门职责。

2. 完善工作机制。加快建立流域管理协调机制、联合监督检查机制、流域管理重大行政事项听证机制。全面协调上下游、左右岸、干支流、水量与水质、开发利用和节约保护的关系,强化流域管理的部门协调和区域协调,建立健全政府主导、公众参与、分工负责、协调配合的流域工作机制。

3. 扎实推进省政府"一号重点工程"。严格实施《〈湖南省湘江保护条例〉实施方案》,按照"保证水量、优化水质、改善生态、畅通航道"的总目标,建立健全最严格水资源管理、水环境保护、河道及航运管理和生态保护等制度体系,引导经济结构调整,合理进行产业布局,使流域经济社会发展与水资源、水环境承载能力相适应。

稳步向我省其他流域推广湘江流域管理模式。

(十二)推进城乡涉水事务统一管理

1. 推进水资源统一管理。理顺已完成水务体制改革地区的水务管理职能,推动有条件的地区加快水务一体化改革。实行水资源统一管理,对水资源综合利用、水资源保护、水环境治理和防洪排涝等实行统一规划、统一配置、统一调度和统一保护,建立职能整合、良性运行的水资源统一管理体制。

2. 加快城乡供水一体化。按照"区域统筹、城乡一体"的思路,分片区乃至整县整体推进,建成城乡联网、同网同质、资源共享、余缺互济、应急互助的城乡一体化供水体系。逐步实现城乡自来水全覆盖和供水服务均等化,提高饮水安全保障水平。

四、建立健全水生态文明制度体系

推进山水林田湖系统治理,探索符合湖南水资源条件的城乡水生态文明建设模式和水生态补偿机制,完善水土保持预防监督和治理机制,促进河湖休养生息。

(十三)构建"一湖四水"水生态保护机制

1. 建立水利工程建设生态标准体系。注重河湖生态治理理念,探索建立水利工程建设生态标准体系。在项目规划中,充分考虑水资源、水生态条件和水文化特色;工程设计中,注重河湖水系连通,优先采用生态材料和措施,尽量减少对水生态环境的影响;工程建设中,注重维护水资源自然循环,尽力保持河湖岸坡的自然状态。

2. 健全河湖规划约束机制。依法建立健全湘、资、沅、澧及洞庭湖规划治导线管理制度。完善《湘江岸线保护规划》等河湖管理、河道采砂、岸线保护规划体系。完善河道等级划分,推行河湖分区分级管理,明确河湖开发利用和保护要求,合理利用河湖资源,有序推进河湖休养生息。

3. 推进河湖空间用途管制和生态红线管控。开展河湖水域岸线确权登记,依法确定江河湖泊水库等管理和保护范围。加强河湖空间用途管制,出台湖南省建设项目占用水域管理办法,严格管控建设项目占用水域行为,落实补偿制度。探索建立河湖水域生态红线制度,划定河湖生态管控线。

4. 健全完善河湖管理和监督责任机制。明确河湖管理职责,落实管护主体、责任和经费,因地制宜推行"河长制"等管理责任机制。完善河湖管护标准体系和监督考核机制,开展河湖管护的监督考核工作。开展重要河流湖泊健康评价,研究建立河湖监测评价体系,建立完善通报制度。依法启动水电站生态基流监管工作。

5. 完善水土保持预防监督和治理机制。落实生态空间开发管制制度,依法划定水土流失重点预防区和重点治理区,健全生产建设项目水土保持监督检查制度,完善监督管理机制。推行单户承包、联户承包、股份合作、农村新型主体参与等水土流失治理模式。研究出台水土保持补偿费征收使用管理办法,完善水土保持补偿制度。

(十四) 推进城乡水生态文明建设

积极推进国家级水生态文明城市创建试点,制定全省水生态文明建设标准体系,开展省级水生态文明城市建设,推进水生态文明示范乡镇建设。健全水利风景区建设与管理制度,建立水利风景区动态监管和退出机制。

（十五）建立健全水生态补偿机制

加快建设和完善对湘资沅澧等重点流域源头区、重要水源地、重要水生态修复治理区和蓄滞洪区的生态补偿机制，尽快确定水生态敏感区名录，推动建立公共财政主导、全社会共同参与的多元化水生态补偿投入机制。开展水生态补偿试点，探索财政专项转移支付、项目投入、设立补偿基金等多元化补偿模式，推动建立流域上下游不同区域的生态补偿协商机制，开展地区间横向生态补偿。

五、深化水利工程建设和管理体制改革

坚持建管并重，强化水利建设管理和运行管护，突出农田水利工程建设和管护模式创新，逐步建立规范有序、管理严格、良性运行的水利建设和管理新机制。

（十六）创新水利建设管理模式

1. 完善水利工程建设管理模式。完善大中型水利工程项目法人制，因地制宜推行项目代建制、总承包等模式，提高水利工程专业化、社会化建设管理水平。进一步完善中小型水利工程建设集中管理模式，研究推行项目设计、施工、监理分类集中招投标，加强县级水利建设管理中心能力建设，健全机构设置，完善管理制度，落实管理责任，配备专业人员，加强考核和监管。

2. 创新农田水利建设管理新机制。落实农田水利建设地方行政首长负责制，健全部门分工协作制度，完善考核评价机制。强化规划引领和约束作用，县人民政府以县级水利规划统筹开展农田水利建设。

完善以奖代补、先建后补、项目扶持等政策措施，引导和鼓励广大农民群众参与小型农田水利建设、管护和监督，实现建设责任主体由政府到受益群众的转换，县乡水利部门加大技术指导和监管，实行项目全过程公开透明化。鼓励农民用水户协会、农村新型经营主体、农村集体经济组织承担农田水利工程的项目申报、建设实施、建后管护等具体工作,充分调动社会组织、农民群众参与农田水利建设的积极性,建立规划引领、政策引导、村民自建、民主管理、政府验收的小型农田水利建设管理新机制。

(十七)建立健全水利工程建设监管制度

1. 完善水利工程质量监管体系和安全责任制。加强全省水利工程建设项目监管能力建设,建立健全省市县三级水利工程建设监管体系。按照工程规模和重要程度划分水利工程质量与安全监督事权,严格参建各方质量与安全责任,落实质量安全责任制。

2. 建立关键环节长效监管机制。完善项目决策、资金分配等相关制度,健全工程招标、设计变更、验收结算、资金拨付等关键环节监管机制,完善水利项目稽察、后评价和绩效评价制度,对项目进行全过程监管。

3. 完善水利市场监管体系。水利工程建设项目招投标按照属地管理和权限管理原则进入公共资源交易市场交易,实行招投标透明化管理。开发水利工程评标专家管理系统,建立健全专业齐全、技术权威、定期考核、资源共享的水利建设项目评标专家库。完善水利建设市场信用信息平台,推进水利工程建设项目信息公开,积极开展市场主体信用等级评价,进一步规范市场主体招投标和合同履约行为,建立守信激励和失信惩戒机制。完善水利工程造价管理制度,加强和创新水利工程造价全过程管理。

(十八)建立健全水利工程管护制度

1. 明确管护主体和责任。根据事权划分,明确水利工程管护主体,建立分级负责、分类管理的水利工程管护制度。

小型水利工程按照"谁投资、谁所有、谁受益、谁负担"的原则,明确管护主体和责任。允许财政补助形成的小型农田水利设施资产由农民用水户协会持有和管护。

2. 推进确权划界。切实加强水利工程确权划界工作,新建水利工程确权划界与工程竣工验收同步推进,适时启动已建水利工程确权登记,划定管理和保护范围。

3. 落实管护经费。按照分级负责的原则,健全水利工程运行维护经费保障机制,各级政府应从水利建设基金中划出不低于30%用于水利工程维修养护,优先保障公益性、准公益性水利工程管理单位基本支出和工程维修养护经费。

对小型农田水利工程,管护经费原则上由工程产权所有者负责筹集,财政适当给予补助,鼓励和动员社会各方面力量支持小型水利工程管护。

4. 完善管护模式。继续推进大中型水利工程管养分离,培育和规范水利工程维修养护市场,以政府购买服务方式由专业化队伍承担工程维修养护,探索推行水利工程物业化管理。

鼓励小型水利工程采取承包、租赁、拍卖、股份合作和委托管理等方式,搞活经营,搞好管护。支持条件允许的地方采取专业化集中管理及社会化管理等多种管护方式,提高管理水平。

六、完善水利投入稳定增长机制

坚持政府主导,健全公共财政水利投入稳定增长机制,创新财政资金投入方式,鼓励和吸引广大群众、社会资本参与水利建设,形成支撑水利可持续发展的稳定投入机制。

(十九)完善公共财政水利投入政策

1. 切实加大财政预算投入。完善项目前期工作储备机制,稳定前期工作投入渠道,持续争取中央财政投入。加大省市县各级财政预算水利支出,保持水利建设财政预算投入增幅不低于同期财政经常性收入增幅。加大对市县水利投入政策落实的考核,建立市县公共财政水利投入与省级以上资金安排挂钩的制度。

2. 加强水利基金等规费征收。进一步落实好土地出让收益计提农田水利建设资金的政策。积极拓宽水利建设基金来源渠道,推动完善政府性水利基金政策。推动落实从城市建设维护税中划出不低于15%的资金用于城市防洪排涝工程建设的政策。推动落实按比例足额上解河道砂石资源有偿出让收入。

(二十)健全完善水利金融支持相关政策

1. 落实金融支持政策。发挥水利政策性金融工具作用,利用中央和地方财政水利项目贷款贴息政策,扩大水利建设项目中长期、低成本贷款规模。推动水利基础设施建设纳入政府专项债务支持范围,降低贷款成本。

2. 创新金融支持方式。积极协调银监会等金融监管机构,进一步拓宽水利建设项目的抵(质)押物范围和还款来源,允许以水利、水电、供排水资产等作为还款来源和合法抵押担保物;推动出台支持水利项目建设的金融政策,合作开发水利金融产品,加大对涉水项目建设的支持力度。

3. 推动建立风险补偿机制。探索建立风险补偿专项基金,完善融资担保风险补偿机制,探索建立洪涝干旱灾害保险制度。

(二十一)鼓励和吸引社会资本投资水利建设

1. 建立吸引社会资本新机制。研究把引调水工程、水源工程建设等作为吸引社会资本的重要领域,对于准公益性水利工程,制定政府激励和补贴机制,鼓励政府部门以股权投资方式引导示范和带动社会资本投资水利建设,积极推进水利项目 PPP(公私合作)等融资模式。对于经营性为主的水利工程,探索建立特许经营制度。

2. 加强水利投融资平台建设。做大做强省级水利投融资平台,加大资本注入。通过资产盘活、资本运作、项目开发和企业经营为水利项目配套资金落实拓宽融资平台。继续推进有条件的市、县建立水利融资平台,不断提高水利投融资公司融资能力。

3. 引导群众筹资投劳。发挥财政资金引导作用,综合采用以奖代投、以奖代补、"一事一议"等奖补政策,鼓励受益农民投资农村水利工程建设。

七、健全基层水利管理体制机制

加强乡镇水利站建设,推动农民用水户协会发展,强化基层水利队伍建设,健全基层水利管理体制,提升基层水利建设、管理与服务能力。

(二十二)加强乡镇水利站建设

1. 健全机构理顺体制。在改革试点的基础上,进一步健全机构,确保一乡一站;理顺管理体制,进一步明确县级水行政部门和乡镇政府对乡镇水利站的管理权限;保障基本支出,确保人员经费和公益性业务经费全额纳入县级财政预算。

2. 开展乡镇水利站标准化建设。逐步加大省级乡镇水利站能力建设补助资金规模,推动市县建立乡镇水利站能力建设专项资金,建立多渠道资金筹措机制。积极开展乡镇水利站能力建设,改善工作条件,提升管理和服务能力。

(二十三)加强农民用水户协会建设

1. 加快建立农民用水户协会。依托小农水重点县、大中型灌区续建配套与节水改造等农村水利项目,加快建立农民用水户协会,力争实现全覆盖。

2. 规范农民用水户协会建设。规范组建程序,完善注册登记制度,加强组织机构和内部制度建设,完善民主议事机制,建立健全监督机制,实现全过程信息公开,推动制度化、规范化建设。全面提升农民用水户协会管理和服务能力,使其成为相关工程建设、运行维护、水费计收、水事纠纷调解等事务的实体化组织。

3. 加强对农民用水户协会的培育和扶持。市县出台支持政策,为农民用水户协会的建设提供良好的政策法规环境。加大各级财政支持力度,对农民用水户协会所管理工程的运行管理及维修养护给予适当补助。县乡水利部门加强指导和监督检查,建立健全目标考核制度。

(二十四)强化基层水利队伍建设

1. 推行持证上岗制度。加强基层水利单位岗位设置管理,明确岗位要求,实施按岗聘用。在乡镇水利站等基层水利服务机构中推行持证上岗制度,基层水利员需定期培训,培训合格后方能发证上岗。

2. 建立"首席水利员"制度。通过县级推荐、市级筛选、省级综合评审,在基层水利员中选拔一批水利技术领军人才,作为"首席水利员",发挥示范作用,带动基层水利服务队伍整体素质提升。

3. 探索"基层水官"制度。鼓励高校毕业生到基层水利机构工作,通过"三支一扶"等政策,吸引优秀人才充实基层水利队伍。各级水行政主管部门对有基层水利工作经历的人员,可适当放宽学历、年龄等招录(聘)条件。

八、加强水利法治建设和科技创新

坚持依法治水,加大水行政执法力度,保障良好的水事秩序;坚持科学治水,加大科技创新力度,驱动水利改革发展。

(二十五)健全水法规体系

加强水法规体系建设顶层设计,统筹推进地方水法规立法进程。推动出台饮用水水源保护条例、农村饮水安全条例、节约用水条例等地方法规。积极开展水权制度、河道湖泊管理与保护等方面的立法前期工作。

(二十六)全面加强水利综合执法

1. 加强水利综合执法能力建设。加强水利综合执法队伍建设,构建完善省市县三级综合执法网络,充实基层执法力量。以湘江流域综合治理为重点,全面推进水利综合执法改革。

2. 建立健全水利综合执法体制机制。完善执法程序,规范执法自由裁量权。建立重大水事违法案件挂牌督办制度。建立健全水利综合执法与水利业务管理、许可审批与监督检查、水行政执法与刑事司法之间的工作衔接机制。建立健全流域、区域、部门间的联合执法机制。健全水事矛盾纠纷排查化解机制。

(二十七)加强水利科技和人才队伍建设

1. 推进水利科技改革。改革水利科技投入方式,采用招投标等市场方式选择项目承担单位。重点支持事关全省水利长远发展的战略问题以及重大水利建设项目的研究。建立产学研协同创新机制,加强科技成果和先进技术的推广应用。整合现有水利科技资源,加大智力资源外引力度,壮大水利科研平台,支撑和引导湖南水利科学发展。

2.加强人才队伍建设。制定水利人才队伍建设规划,健全水利人才引进培养机制,加大干部交流培养力度,鼓励支持中青年技术骨干承担重大技术攻关、重要项目研究和设计,培养一批行业领军人才和技术权威人才。支持省属水利院校与基层水利部门、企事业单位开展联合办学,建立水利基层人才定向培养机制,推行"订单培养"方式,为基层单位培养水利实用人才。

九、保障措施

(二十八)加强组织领导

各级水利部门切实提高对深化水利改革重要性和紧迫性的认识,把深化水利改革工作摆在更加突出的位置,抓好工作部署,落实工作责任,研究解决改革中的重大问题。省水利厅成立深化水利改革领导小组,负责全省水利改革总体设计、统筹协调、整体推进、督促落实。市、县水利部门要切实承担起深化水利改革重任,成立相应组织机构,总体推进辖区内深化水利改革工作。

(二十九)细化工作方案

省水利厅对深化水利改革任务进行分解,各责任单位要制定单项实施方案,细化实化改革措施,明确改革的时间表、路线图和阶段性目标,保证改革积极、有序、平稳地推进。各市、县水利部门要根据本方案,结合本地实际,研究制订深化水利改革实施方案报省水利厅备案,并抓好组织实施。

(三十)健全工作机制

各级水利部门要建立系统内部分工明确、运转高效的联动机制,强化与发改、财政等部门的协调沟通,确保水利改革有序推进。在改革试点工作的基础上,健全水利改革信息报送和动态跟踪机制,及时掌握各地改革进展及存在的问题,加强改革任务统筹安排和综合协调,切实解决突出问题,确保改革工作顺利推进。

(三十一)加强监督考核

各级各部门要切实增强责任意识,明确水利改革工作分工,认真履行工作职责,制定完善各项配套措施和办法,加强督促检查和考核评估,将深化水利改革纳入到年度绩效考核,考核结果与项目安排等挂钩,确保各项改革目标任务有效落实。